ニセ札鑑定人の贋金《NISE GANE》事件ファイル

鑑定人しか知らない
事件のウラ話満載

吉田公一

主婦と生活社

はじめに

贋金と呼ばれる偽造通貨が見つかるたびにいわれるのが、ニセ札や偽造硬貨の出来栄えで、どれもが精巧〳〵と報じられます。

自分が被害を蒙るわけではないし、身に危険が迫る事件でもないから、その場かぎりで忘れられていますが、振り返ってみると、贋金事件は多種多様であるのに驚きます。

通貨は、俗に硬貨や札と呼ばれていますが、政府が発行しているのは硬貨と紙幣で、世間一般でお札と呼ばれているものには、政府発行の紙幣のほかに日本銀行が発行する銀行券があります。現在、市中で使われているのは銀行券だけですが、この日銀券と紙幣を区別せずに〝お札〟と呼んでいる人は少なくありません。

ニセ札やニセの硬貨を調べてその真偽を見分け、偽造方法や素材を見極めるのが通貨鑑定で、その仕事を任されているのが警察庁の科学警察研究所ですが、ここには、国家公安委員会が定めた「偽造通貨取扱規則」というのがあって、国内で発見されたすべての偽造通貨がここで扱われています。

貨幣が登場したのは今から千数百年も前の奈良時代といわれますが、その頃から今日まで、終わることを知らずに続いているのが贋金事件といえるでしょう。特にニセの硬貨は私鋳銭時代から今日まで、変わることなく鋳物で偽造されていますから、その間の偽造の手口には大きな違いがありません。

それとは反対に、ニセ札はその時代〳〵によって偽造の方法が違っていて、印刷されたニセ札などは世の中の印刷技術の発展にともなって、彫刻版から腐蝕版、さらに写真製版へと偽造方法が変わっています。

一方、偽造通貨の防止対策もいろいろ考えられていて、今日では、市中で印刷することができない超高度の印刷技術が取り入れられていますし、さまざまなセキュリティが考えられ、ユーリオンのように世界の札に共通のニセ札防止策も生まれています。

今日ではコピー機をはじめ、札を扱う機器のすべてがユーリオンの検知機能を備えていますが、それを避けて行われているのが偽造通貨といえるでしょう。

さて、ニセモノの通貨にはどのようなものがあるでしょうか。

それに対抗するために各国が進めてきた偽造防止対策もさまざまです。紙に代えて合成樹脂を使った紙幣の登場や、米ドルやユーロをはじめ各国がとってきた新しい紙幣の内容など、実際の事件をはじめとし、ほとんど世間に知られていないものをまとめてみたのがこの著です。

興味のある、なしは別として、贋金の始まりから、偽造通貨の移り変わり、偽造を防ぐための新たな試みやポリマー紙幣の登場など、変わったところを覗いてみてはいかがでしょうか。

お金についての知識を広めるためにも、拙文をご高覧いただきたいと願ってやみません。

ニセ札鑑定人の贋金事件ファイル◉目次

第三章　世界各国のニセ札防止策

第四章　戦中戦後を代表する贋金事件

第五章　贋金を取り巻くトピックス

第一章　時代とともに変わる贋金

一　新しい官銭のたびに出回った私鋳銭

古い時代の贋金については書物に頼ることになりますが、千数百年も前の奈良時代に「私鋳銭禁止令」というのが出されているのをみると、わが国最初の貨幣といわれる「和同開珎」が登場した西暦七〇〇年代に、すでに贋金が出回っていたことになるでしょう。

私鋳銭と呼ばれた贋金が横行していた室町時代は、ゼニの暗黒時代ともいわれていますが、この時代には、足利義持が幕府に命じて「永楽通宝」の模造銭をつくらせていて、それが国外から持ち込まれた唐銭や宋銭、明銭などと一緒に使われていたと伝えられますから、その頃は真貨と一緒に贋金が市中に出回っていたことになりましょう。

私鋳銭を除くためにつくられた真貨に、「皇朝十二銭」という官銭があります。

七〇八年の和同開珎、七六〇年の万年通宝、七六五年の神功開宝、七九六年の隆平永宝、八一八年の富寿神宝、八三五年の承和昌宝、八四八年の長年大宝、八五九年の饒益神宝、八七〇年の貞観永宝、八九〇年の寛平大宝、九〇七年の延喜通宝、九五八年の乾元大宝がそれですが、二五〇年余りの間に、一二種類もの官銭がつくられているのは、私鋳銭が新しい官銭を追って次々に偽造されていたからでしょう。

私鋳銭や模造銭は真貨に比べて粗悪だったことから、ビタ銭と呼ばれていたようですが、官銭がたびたび改鋳されているのをみると、当時はかなりの量の私鋳銭が出回っていたようです。

皇朝十二銭は素材が銅で、現在の造幣局に当たる鋳銭司で鋳造していたとありますから、官銭は鋳物だったことになりますが、融点が1000度を超える銅が使われています。

徳川時代にできた銭座（現造幣局）はこの鋳造方法を引き継いでいて、これは明治になるまで続いています。

銭座では罪の償いとして贋金事件で捕まえた犯人を働かせていたようですが、そこでは犯人たちの贋金づくりの技法を利用していたといいますから、当時は真貨と私鋳銭が同じ技法でつくられていたことになるでしょう。

現在の硬貨は素材となる合金を板状に圧延して、そこから硬貨にする円板を打ち抜き、その面に図柄や文字をプレスしたもので、硬貨の面には特殊な方法で艶出しがなされていて鋳物ではありません。

今日でも偽造硬貨はどれも鋳物でしかありませんから、ニセモノの硬貨にかぎっては、千数百年もの間、同じ手法が引き継がれていることになります。

もっとも、偽造犯人には、真貨のような圧延やプレス加工ができませんから、鋳造よりほかに打つ手がないでしょう。

二　江戸時代「藩札」と呼ばれた通貨

紙幣の誕生は硬貨よりはるかに遅かったといわれますが、一二七〇年代には、使うときに金額を書き込む紙幣が中国に登場していたようです。元王朝時代のことで、表面に皇帝の印と財務大臣に相当する役人の署名が朱色で記されていたそうです。

わが国では、江戸時代に「山田羽書」(「端書」ともいわれる)と呼ばれる手形が伊勢山田の商人によってつくられていますが、重くてかさばる硬貨をきらった商人たちが、それと交換するためにつくったもので、これは、わが国最初の紙幣といわれています。

山田羽書は縦長の短冊形で、表裏面に文字を書いた判が押されていますが、これは明治になるまで、二五〇年余りの長い間使われていたそうで、日本銀行には一六〇〇（慶長五）年の最古の山田羽書が保管されているそうです。

古い時代のわが国には「藩札」という紙幣もあります。

一六六一（寛文元）年に越前の福井藩が藩内で使うために編み出した銀札が最初で、一七〇〇年代には尾張、備前、播磨、摂津、肥前、出雲などの各藩が福井藩の「藩札」にならって、領内で使う藩札を作っていて、一八七一（明治四）年に明治の新政府が藩札を回収したときには、二二四もの藩が藩札を使っていたと伝えられます。

藩札の多くはつげや桜の板を版材にした木版印刷だったようですが、墨書きに添印を押しただけのものや、金額印を押しただけのものもあったようです。

幕末には、彫刻銅版を使った藩札も登場していますが、これは木版より偽造が困難な銅版を使って偽造を防いでいたのでしょう。

藩札の多くは黒一色刷りだったようですが、幕府が管理していた朱肉を使った二色刷りもあって、鳥取藩では「この朱色は鶴の血を用いたもの」といって偽造防止に役立てていたようです。

彫刻銅版の使用や朱肉の利用などからみると、藩札にもかなりのニセモノがあったのでしょう。不正を防ぐため、藩札に使う版木を何人かの役人に分けて保管させておき、それを集めて藩札をつくっていたともいわれています。

三　明治時代の偽造通貨

明治の新政府は一八六八（明治元）年に「太政官札」を発行しましたが、翌一八六九（明治二）年には、民部省（明治四年に大蔵省に吸収され、その後内務省となる）が「民部省通商司金札」を発行しています。

これらはわが国初の政府紙幣で、精巧な銅版印刷だったようですが、ニセ札が出まわったため、政府は民部省案の「贋模紙幣巡察順序」を採用して刑罰を重くし、犯人の撲滅を図っています。

ニセ札には、国内で偽造されたものばかりでなく、清国人が自国で偽造した日本のニセ札を持ち込んで使ったものもあったことから、明治政府は捜査のために役人を上海に遣わして呉吉甫らニセ札犯人の一味を把握し、10数枚の偽造印刷版を押収しています。

明治政府は一八七〇（明治三）年に在日ドイツ公使フォンブラントの紹介で、フランクフルトのビー・ドンドルト・ナウマン社とシー・ノウマンス・ドルケレー社の二社に紙幣の印刷を注文しています。

政府はこのドイツ製紙幣を「新紙幣」と呼んで一八七二（明治五）年に発行していますが、この紙幣は俗に「ゲルマン紙幣」といわれています。

明治政府はこの新紙幣を発行する前の一八七一（明治四）年に「新貨条例」を制定していますが、そこでは通貨の単位を、それまでの「両」から十進法の「円」に切り替えています。

ドイツ製の「金二圓」と印刷された新紙幣は、幅が七センチ、長さが一一センチの縦長で、表が二色、裏が一色刷りでしたが、紙幣の本体が外国製であったためか、印章や朱色の文字は国内の紙幣寮（現国立印刷局）が刷り足していたようです。

新紙幣の発行から数年後の一八七七（明治一〇）年には、大阪をはじめ関西地方一帯で精巧といわれたニセの新紙幣が大量に使われていて、大資本家が高価な印刷機を手に入れてニセ札づくりを始めたという噂があったそうです。

大蔵省出納局長からの依頼で東京警視本署（現警視庁）が捜査に乗り出していますが、大阪の豪商藤田伝三郎の一族がドイツで新紙幣を大量に偽造し、それを日本に持ち込んで使ったという情報があったことから、警察は藤田組を捜査し、一八七九（明治一二）年九月一五日に藤田伝三郎をはじめ使用人全員を逮捕しています。

明治の三大疑獄の一つといわれる「藤田組贋札事件」がこの事件で、わが国の偽造通貨史上に大きく取り上げられています。

しかし、この事件は藤田組の元の使用人木村直三郎による誤った情報だったことがわかって、藤田ら全員は一二月二〇日に無罪放免となり、代わって情報提供者の木村が「懲役七〇日申付クル」の刑を言い渡されています。

このニセ札事件では、三年後の一八八二（明治一五）年に、神奈川県の医師で画工の熊坂長庵が真犯人として逮捕され、裁判の結果、熊坂は終身刑を言い渡されましたが、彫刻銅版を使って印刷したニセ札は、印刷が紙幣の偽造に使われた最初といわれています。

明治一五年一二月八日の熊坂長庵に対する判決は、

「裁判官言渡書、神奈川県相模国愛甲郡中津村十七番地、熊坂長庵、三十八年十ヶ月、『其方儀明治十年二月ヨリ内国通用二円紙幣ヲ偽造セント発意シ継手之ヲ偽造シ爾来遊蕩ニ漫遊ニ其他処々行使シテ本年に至リタル事実ハ司法警察間ノ調書予審掛ノ調書高座郡田名村平民鈴木熊五郎カ始末書及ヒ其方ノ自宅ニ現存セシ偽造紙幣並ニ偽造ノ用ニ供シ又ハ其用ニ供スベキモノト認メタル器具用紙等ノ充分ナル証憑ニ因リ認定セラレタリ因テ刑法第百八十二条初項ニ照シ無期徒刑ニ処ス』明治十五年十二月八日、神奈川重罪裁判所」

とあります。

明治政府と日本銀行は一八八二（明治一五）年から一八九一（明治二四）年にかけ

て一円、五円、十円、百円の紙幣や銀行券を発行していますが、ここでは人物の肖像画を採用し、印刷には凸版と凹版を併用するとともに、模様の色を複雑にするなどして偽造防止を図っています。

そのようにしても、一八九四（明治二七）年には早くも一円と五円のニセ札が東京市内で使われ、その年の七月には、銅版彫刻師で印刷業の林幸吉を主犯とする一味五名が捕まっています。

このニセ札は彫刻銅版を使ったもので、スカシもあって、一円札4500枚、五円札3500枚など、大量のニセ札が東京をはじめ近郊の県で使われていますが、林宅の捜査では、偽造に使った銅版16枚と一円札50枚、五円札100枚が押収されています。

その後の一九〇七（明治四〇）年にも、東京市内でニセ十円札が使われていますが、この事件のニセ札も彫刻銅版を使ったもので、犯人一味六名が捕まったときには、家宅捜査で3800枚ものニセ十円札が押収されています。

明治に入ってからのニセ札は、それ以前の木版印刷から彫刻銅版の印刷に変わり、市中の印刷技術の進歩とともに偽造の手口が巧妙になっています。

四　昭和のはじめの贋金事件

近畿地方一帯をはじめ全国各地で、当時としては最も精巧といわれたニセ十円札が使われたのは昭和に入って間もない一九二八（昭和三）年の五月でした。

1000枚を上回るニセ札が発見されていますが、五年後の一九三三（昭和八）年には、元印刷店員の井上を主犯とする一味全員が長野県の上田で逮捕されています。

このニセ札は写真製版を利用したもので、一味を逮捕したときには、四個の竹行李に入った製版用の薬品や器具、印刷機など、偽造に使った道具一切とともに偽造したニセ札も押収されています。

一九三三（昭和八）年には、やはり十円紙幣を偽造した犯人が福岡県で捕まっていますが、この事件の検挙報告書には、「この偽造券は、写真銅版から偽造したもので、偽造券には細かい網目がかかっている」「網目は真券の線を一定の間隔で切断しているから、偽造券の文字や図柄はベタ印刷ではなく、点々の印刷となって現れている」

などと記されています。

「細かい網目がかかっている」や「ベタ印刷ではなく、点々の印刷」とあることからみると、このニセ札は網目印刷やグラビア印刷のたぐいだったのでしょう。

同じ昭和八年には函館でも大量の偽造十円紙幣が見つかっていますが、犯人の大木と安藤を逮捕したときの検挙報告書には、「表面は七度刷り、裏面は四度刷りで実物そっくりであるが、インキは薄く、像がぼけている」や「写真石版術を利用して印刷したもので、真券と図柄が同じであるが、真券から原版をとったものであるから、同じ図柄が幾色か重なっている」などとあります。

日本銀行券に凹版と凸版の両者が併用されるようになってからは、彫刻版を使ったニセ札は姿を消し、これに代わって写真製版によるニセ札が現れていますが、これは写真凸版や写真平版の技術が進歩し、写真製版による印刷が市中の商業印刷に定着してきたためでしょう。

このことから考えると、ニセ札はいつもその時代を代表する印刷技術を追っているようで、昭和の初期はその始まりといえます。

五　第二次世界大戦後の偽造通貨事件

千代田区三番町にあった科学警察研究所の地下の倉庫には、膨大な量の鑑定書の控えとともに偽造通貨事件の検挙報告書綴りがありました。「偽造通貨取扱規則」(国家公安委員会規則)に従って各地の警察本部から寄せられたもので、報告書綴りを手繰ってみると、第二次世界大戦後のさまざまな偽造通貨事件を知ることができます。

第二次世界大戦直後の一九四六(昭和二一)年には、肖像が聖徳太子のA百円券、国会議事堂を図案としたA十円券、唐草模様のA五円券、肖像が二宮尊徳のA一円券などが発行されたのをはじめ、肖像が聖徳太子のB千円券が一九五〇(昭和二五)年、肖像に高橋是清を使ったB五十円券が一九五一(昭和二六)年、さらに肖像が板垣退助のB百円券が一九五三(昭和二八)年など、数年の間に新札がつぎつぎに発行されています。

ですが、新札が発行された翌年の一九四七（昭和二二）年には、早くも国会議事堂の十円と肖像が聖徳太子の百円のニセ札が使われており、その後もさまざまなニセ札事件が起きています。

戦後のニセ札事件を振り返ってみると、一九五〇（昭和二五）年九月二一日に函館市内で4枚の偽造十円札が見つかったのを皮切りに、同市内では連日数枚の偽造券が見つかっています。月が替わって一〇月五日には、津軽海峡を挟んだ対岸の青森市内でも函館のものと同じ記番号の偽造券20枚が使われ、その後も毎日のように10数枚の偽造券が見つかっていました。

海峡をまたいで捜査網が張られ、一〇月一三日に犯人の一人が青森市内で捕まっていますが、続いて元印刷所の画工だった川崎を主犯とする一味六名が芋づる式に逮捕されています。

一味はニセ札の偽造を企て、印刷材料や石版印刷機を買い入れて、描き版から転写した石版を使って偽造十円券を12万枚も印刷していたのです。描画石版を使った平版印刷ですが、大戦後の一時期、手工業的製版のニセ札が出回ったのは、戦後の物資不足で、写真製版に使う資材の入手が困難だったためでしょう。

そんな時期でもニセ札事件はとどまることなく続いているのです。

第二次世界大戦後のニセ札の大物といえば、何といっても、今ではまったく見られなくなった聖徳太子が肖像の日本銀行B号千円券があります。

一九五〇（昭和二五）年一月七日に発行されてから10数年間を経て、一九六三（昭和三八）年一一月一日に伊藤博文が肖像の日本銀行C号千円券にバトンタッチするまで、〃聖徳太子〃の愛称で長い間世間の人に親しまれ、一九五五（昭和三〇）年には日本銀行券の発行高の85％以上になったことから考えると、この日本銀行B号千円券の偽造券がニセ札の横綱になったとしても不思議ではないでしょう。

符号「千」（符号制定規定では〃チ〃と発音する）の第一号となった「千－一号」が発見されたのは、聖徳太子像の千円札の発行からわずか三か月後の四月でした。

写真製版による凸版印刷のニセ札で、京阪神一帯をはじめ150余枚が四国、中国、関東の各地で使われていますが、犯人が逮捕されないまま、この事件は幕を閉じています。

同じ一九五〇年の三月には山梨県で、元小学校長の塙田と元陸軍少佐の木内を主犯とする総勢二二名の偽造団がニセ札づくりを企て、一年後の一九五一年三月までにニセ千円札1万2000枚を偽造しています。

このニセ札にはスカシがあったことから、精巧なニセ札と世間を騒がせましたが、検挙報告書に「偽券は平版印刷で画像が不鮮明、記番号は不ぞろいである」や「指でこすると簡単に印刷がくずれる」とあるように、精巧などといえるものではありませんでした。

ブドウの栽培を行うためと偽って資金を集め、巨額の投資をして一攫千金を狙った事件でしたが、数か月後に一味全員が捕らえられてこの事件は終わっています。

通貨偽造の前科を持っている長島は、一九五五（昭和三〇）年の五月に千円札の偽造を企てましたが、本人は印刷技術を持っていなかったため、銅版彫刻者を雇ってその年の一二月までに印刷版を完成させていました。思いがかなって印刷版はできたものの、1枚も使わないうちにニセ札づくりが発覚して、翌年一月には行使未遂で逮捕されています。

「千－一五号」事件がこれですが、未遂であってもニセ札ができていて、それが押収されていたことから、このニセ札には「千－一五号」の符号がつけられています。

一九六一（昭和三六）年の一二月七日、日本銀行秋田支店で廃棄処分の札の中から女子行員が見つけたのに始まって、二年余りの間に343枚のニセ千円札が全国各地で見つかった「千－三七号」事件は、第二次世界大戦後のニセ札事件の中で最も世間を騒がせたニセ札事件でしょう。

三色分解で写真製版した印刷版を使ったこのニセ千円札は、表裏の図柄が真券と同じように凹版と凸版で刷られていて、印刷版式や色が本物に似ていましたが、版下や印刷版の偽造が粗雑だったため、数々の欠陥があって、肖像の下に書かれている「聖徳太子」の「太」に点がないのや肖像の眼の一部が欠けているなどが発見の手がかりとして公開されています。

しかし、報道が発見の手がかりを公開すると、数日後には公開した部分を修正したものが登場したことから、このニセ札の印刷機構は小規模で、輪転機などを使った大がかりのものではないと考えられていました。

公開した特徴が頻繁に修正されることから、それをいち早く確認するため、科学警察研究所では昼夜を問わず、泊まり込みで鑑定が行われ、捜査は東日本を中心に全国的に進められましたが、この事件の犯人は逮捕されず、一九七三（昭和四八）年一一月四日に公訴時効となってしまいました。

「千－三七号」には、真券と同じような文字と桜の花模様のスカシがあったために、「スカシのある精巧なニセ札」と報道されていますが、これは紙にスカシを加工したものではなく、インキの代わりに油を使って印刷し、紙の透明度を高めて人の目を騙していただけで、札の裏に紫外線を当てると蛍光を発するものでした。

第二次世界大戦後のニセ札は、図柄や色彩、印刷版式などが真券と同じで、見かけが真券に似ているところから、どのニセ札も「真券と同じ」や「精巧なニセ札」といわれていますが、本物と見分けがつかないほど精巧なニセ札などはありません。

印刷業者が「この程度の印刷ではどれも返品だ」といっているのがニセ札です。印刷技術や精度の面からみれば、どのニセ札もお粗末な代物でしかないといえるでしょう。

第一章
時代とともに変わる贋金

古い時代から今日までのニセ札をみると、藩札時代の木版から、明治時代の彫刻銅版、昭和初期の写真製版、戦後の多色印刷や凸版と凹版の併用など、いつの時代のニセ札にも、その時々の印刷技法や印刷技術が使われています。

時代が変わって、近年では犯人が真似することのできない超高度の印刷の真券が登場していますが、それでもなお、後を絶たないのが贋金事件といえるでしょう。

二〇一〇（平成二二）年二月、群馬県でタクシーに乗った客が払った一万円はニセ札でした。同じ事件が首都圏の各地で一〇〇件も起こったことから、警視庁、埼玉、千葉、群馬、静岡などの警察が合同で捜査に当たり、犯人ら一味五人を検挙しています。

同じ年の三月には、福岡の印刷業者らが80枚余りの一万円札を偽造し、岡山まで出向いてそれを使っていましたが、七月までに一味は偽造容疑と行使容疑で逮捕されています。

二〇一八（平成三〇）年には、ベトナム国籍の青年チャン・ハインがニセ一万円札を使って捕まりましたが、このニセ札は知人から受け取ったもので、彼はニセ札とは知らなかったといいます。

同じニセ札がほかで見つかっていないことから、このニセ札は人手を伝ってわが国に流れ込んだものと考えられますが、そうであれば、どこかの国に日本を狙った偽造犯人がいることになるでしょう。

全国の各地の警察本部から警察庁に寄せられたニセ札事件をみると、平成一五、六年頃には千円のニセ札が多かったのに、平成二〇年以降はそれが一万円に代わっていて、平成三〇年のニセ一万円札の発見数はニセ千円札の一〇倍になっています。物価の値上がりとともに日常生活で使われるお金が高額となったことから、ニセ札も高額券になったのでしょう。

時代が変わって近代化した今日でも贋金事件は終わることなく続いていて、さまざまなニセ札が現れていますが、その多くが逮捕につながっているのに、それに気づかずに続いているのが贋金事件です。

第二章

ニセ札を追い続ける通貨鑑定

一　〝変わり種〟といわれるニセ札

日本銀行券がザンメル印刷やレインボー印刷のように超高度の技術で印刷されるようになって、印刷偽造が登場の場を失いました。そこに現れたのが印刷と違う手口のニセ札ですが、それらは決まったように「変わり種のニセ札現わる」などと報じられています。

一九五五（昭和三〇）年一一月、関東、東海、関西の各地で10数枚が発見されたニセ千円札「千ー一三号」は、見かけは印刷のようでしたが、実は、昔からある「重クロム酸塩印画法」という写真印画法を利用したものでした。

使われたニセ札が少なかったことから、印刷でなくてもニセ札をつくれることを試したのだろうなどといわれましたが、10枚以上も使っているのだから、通貨偽造犯の嫌疑は逃れられません。

それにしても「重クロム酸塩印画法」などを使っているのだから、まったくの素人の業ではなく、その方法を知っている者の仕業だったのでしょうが、印刷でなかったことから変わり種のニセ札といわれたようです。

一九九三（平成五）年五月、東京の下町に落ちていた財布の中には、ニセ一万円札が20数枚入っていましたが、これは熱転写用のフィルムを使ったものでした。悪質ないたずらだろうといわれましたが、犯人がウッカリ財布を落としたのであれば、ニセ札を使うつもりだったのかもしれません。

自分の腕を自慢したいために、通貨をモデルにしたニセ札を市中にばらまく輩がいるとは、昔からいわれていますが、変わり種といわれるニセ札はそのたぐいでしょう。

一九五九（昭和三四）年の七、八月にかけて数日の間に東京と千葉で30数枚が使われたニセ千円札「千－二六号」は、一見、写真を思わせるものでしたが、このニセ札は絵はがきやアルバムを印刷するときに使うコロタイプという印刷でした。

このニセ札は、その技術を持つ者の仕業というよりも、コロタイプ印刷で絵はがきやアルバムを印刷することが本業の人が、副業として印刷したニセ札だったのかもしれません。

偽造の手法が報道されたことや、コロタイプ印刷業者を対象とした捜査が身に迫ったことを知ったのでしょうか、偽造方法が報道された後では、このニセ札は使われていません。

第二次世界大戦後、初めてニセ札が登場したのは一九四七（昭和二二）年で、昭和三〇年代に入るまでは印刷偽造が多く、ニセ札全体の85％以上が印刷偽造でしたが、それ以後は、印刷の偽造は下降線をたどっています。

ザンメル印刷やレインボー印刷のように市中の印刷機では印刷することができない超高度の印刷技法を使った日本銀行券が、どれも昭和三〇年代に発行されていることからすると、それ以降は、印刷によるニセ札は暗躍の場から追い出されたといえるでしょう。

印刷に代わって登場したのがフォトコピーや簡易プリント、あるいは写真技法を使ったニセ札で、変わり種と呼ばれるニセ札が入れ替わり立ち替わり現れていますが、それらの中には偽造などとはいえないものもあります。

一九六五（昭和四〇）年の「和‐七号」や一九六六（昭和四一）年の「和‐一三号」

などがそれで、白黒のコピーに色を着けただけのもので、子供の遊びの「塗り絵」程度でしかなく、ニセ札などといえるものではありません。

カラーコピー機の高度化と普及にともなって、カラーコピーによる偽造が取りざたされ、防護策が急がれていましたが、今日のレーザーコピーやインクジェットプリンター、またはスキャナーなどでは、それらの装置が紙幣や銀行券を検知してそれを受け付けないハイテク機構を備えていますから、コピーのニセ札も贋金事件の座から追い出されたといえるでしょう。

現在では、日本銀行券をはじめ、世界の50カ国を上回る国の紙幣や銀行券にはユーリオンという模様が印刷されていて、画像を取り込む機器がそれを検知する機能を備えています。

だが、それでも一攫千金を狙った夢をみる輩が後を絶たないのが贋金犯罪でしょう。

一九八二（昭和五七）年に兵庫県の園田競馬場で18枚のニセ五千円札が使われたのをはじめとして、兵庫と大阪を股にかけて同じニセ札42枚が使われていたことから、関西一帯で大がかりな捜査が進められていましたが、この事件はまったく別の方向から犯人が逮捕されています。

ヤレが出すぎて偽造したニセ札や印刷版を大分市営のゴミ捨て場に捨てたのが検挙の発端となった「利－一五号」の五千円札の偽造事件がそれですが、この事件では印刷会社を経営する会社の社長を頭に、家族も含めて社員全員がニセ札づくりに関与しています。

元印刷工らが平版印刷で偽造した90数枚のニセ札を使った、一九八六（昭和六一）年九月の神奈川県の「和D－八号」事件や、一九八七（昭和六二）年四月に印刷業者らのグループがニセ一万円札10万数千枚をオフセット印刷で偽造し、グループ九名が逮捕された「和D－一四号」事件など、数々のニセ札事件が相次いで起こっているのは一獲千金を夢見る輩が絶えないからでしょう。

変わり種といえば、一九九三（平成五）年四月一一日から数日のうちに、大阪駅の自動券売機や銀行の両替機から数百枚のニセ一万円札が見つかった事件があります。このニセ一万円札「和D－五三号」は、見掛けはよくなかったですが、ハイテク機器の申し子でもある券売機や両替機を巧みにすり抜けています。人目をごまかせないと考えたニセ札犯人が、機械をカモに見立てたのでしょう。

世の中の生活様式が変われば、ニセ札使いのテクニックも変わるのが贋金犯罪のようです。

その後、改良された今日の券売機や両替機、自動販売機などはこの手のニセ札を受け付けない機構となっていますが、何を考え出すかわからないのが贋金事件の犯人といえましょう。

わが国で使われたニセ札の中には、外国で偽造され、日本に持ち込まれて使われた、輸入のニセ日本円もあります。

一九八五（昭和六〇）年の七月、フィリピンの中央銀行調査局は、マニラ首都圏のカローカン市でわが国のニセ一万円札200枚余りを持っていた男を捕えていますが、この事件のニセ札は、その年の六月に上野の銀行で見つかったものと同じでした。

上野のニセ札は1枚だけでその後発見されていませんから、犯人の手から人手を渡り歩いて日本に流れ込んだ1枚だったのでしょう。

一九八八（昭和六三）年二月には、フィリピン人が持ち込んだニセ一万円札「和D

－一五号」の輸入贋金事件がありましたが、このニセ札もその後見つかっていないから、人を介して自然に流れ込んだ1枚だったのかもしれません。

ニセ札事件にこんなルートがあることは世間にあまり知られていませんが、使われたものが1枚であっても、贋金事件として扱わねばならないのが贋金の鑑定と捜査です。

一九九〇（平成二）年六月以降、大阪や東京を含む一五の都府県で79枚が使われたフィリピン製の輸入ニセ一万円札「和D－三三号」事件では、平成二年の四月、マニラの印刷機販売業者ら五人の偽造犯グループが、マニラの北部警察署に逮捕され、3600枚のニセ一万円札が押収されています。

これなどは、日本への輸出を企てた大掛かりな仕業といえるでしょう。

一九九二（平成四）年四月に大阪で発見されたニセ一万円札「和D－五二号」事件では、香港警察が捕えた四人の香港人犯人らは、九龍半島新界地区の工場に二台のオフセット印刷機とフィルム版、識別マークフィルムなどを用意していたと伝えられています。識別マークまで偽造するなどはニセ札の高度化を考えてのことでしょう。

外国製の日本銀行券、自然に流れ込んだ1枚だったとしても、その裏には日本をカモと考えている偽造犯がいるのは間違いないでしょう。

ニセ札の国際交流事件があることから、日本の警察は、国内で使われたニセ札の出所確認のために通貨鑑定担当官を香港に出向させていることもあります。

二〇〇三（平成一五）年にニセ一万円札が大阪をはじめ二府三県で使われた事件の犯人は、パソコンとカラープリンターを使ってニセ一万円札を250枚も偽造していましたが、翌一六年二月に、通貨偽造・同行使被疑事件の容疑で逮捕されています。

同じ平成一五年の七月、神奈川県でも花火大会などの催し物場でニセ一万円札170枚が使われましたが、同年九月から一〇月にかけて、今度は140枚ものニセ五千札が使われています。これもカラーコピーによるニセ札で、犯人の男をはじめ友人の大学生ら九人が神奈川県警に捕らえられています。

平成一五年の暮れから一六年の半ばにかけては、主犯の男性がパソコンやスキャナープリンターを使って銀行券を偽造する方法を知人らに教えていました。

この一味は、ニセ千円札2000枚をコピーして使っていますが、共犯者の二人は通貨偽造・同行使被疑事件、他の二人は偽造通貨交付罪などで平成一六年の夏に警視庁が捕まえています。

これらのニセ札はどれもカラーコピーなので、スカシなどはまったくありませんが、このような粗悪なニセ札でも使われるのだから、この世から贋金事件がなくならないのでしょう。

印刷がダメならカラーコピーで、が、犯人たちの考えのようです。

世間では相変わらず変わり種のニセ札などといいますが、実は印刷がダメなことがわかった犯人たちが、苦し紛れに別の偽造方法を考えているに過ぎないだけで、変わり種などではありません。

時代の流れに沿ってさまざまな偽造方法が使われるから変わり種などといわれるのでしょうが、これは日本銀行券の超高度の印刷技術がニセ札を印刷偽造から追い出したからといえましょう。

今日では、コピー偽造もユーリオンに追い出された立場にありますが、苦し紛れの犯人たち、今後はどのような手を使ってくるでしょう。

犯人と偽造防止のイタチごっこは、江戸時代からなくならずに今日に至っています。

カネは天下の回り物といわれますが、贋金は社会の裏の回り物といえそうです。

今後は、金銭を使う世間の人たちの注意力が、偽造犯を追い出す立場にならねばならないでしょう。

二　この世に精巧なニセ札はない

「史上初の精巧なニセ札」「真券とまったく同じ精巧なニセ札」などはニセ札事件のたびに目や耳にする言葉ですが、この世に真券とまったく同じニセ札などはありません。

印刷業界の人たちが、口をそろえて「こんな出来では商売にならない」というのをみても、ニセ札の程度がわかるでしょう。

判例には、「一般人が一見して、真券と見誤る程度に……」とありますが、なるほど、ニセ札は人の目をごまかす程度でしかありませんが、それがしばしば精巧といわれているようです。

だから、精巧なニセ札といわれているのは、判例にあるように、うっかりするとだまされる程度の出来栄えと考えればよいでしょう。

一九六一（昭和三六）年、ニセ札としては珍しいコロタイプ印刷のニセ千円札「千－二六号」が使われたとき、マスコミは一斉に写真版を使った精巧なニセ千円札と報じていましたが、「色がやや黄色っぽい」ともしていました。「黄色っぽい」はこのニセ札の印刷ミスで、紙の地色を出そうとしたのが黄色の汚れになってしまったようです。単純なミスですが、隠れてする陰の仕事にはありがちのことでしょう。

昭和三六年一二月に秋田銀行で最初の1枚が発見され、東日本をはじめ全国各地つぎつぎに発見されたニセ千円札「千－三七号」は、今までにない精巧なニセ札と世間を騒がせていました。凹版と凸版の組み合わせや図柄の色が真券と同じだったからでしょう、このニセ札にはミスが数え切れないほどあって、それが発見のヒントとして報道されていて、犯人はそのたびに修正を余儀なくされています。

ほころびだらけの「千－三七号」はほころびを繕いながら世に出てきていたもので、曲がりなりにも精巧なかどといえるものではありませんでした。

一九八一（昭和五六）年一二月関西一帯で使われた「利－一五号」偽造五千円札も、

精巧なニセ札とマスコミを賑わせていました。「利－一五号」は平版印刷でしたが、ほころびは「千－三七号」を上回っています。模様がゆがんでいたり、別に印刷した模様を貼り合わせた痕があったりで、まことにお粗末なものでしたが、こんな出来でも精巧といわれるのは言葉のアヤというものでしょうか。

世の中にはボロを出すという言葉がありますが、ニセ札はまさにボロの上にボロを重ねたボロボロの印刷物といっても過言ではありません。

ニセ札をつくるには、図柄を色別に撮り分けた印刷版が必要ですが、今日の日本銀行券は色分解ができませんから、不要な線を消したり、描き足したりは手仕事にならざるを得ないでしょう。ボロの発生原因はここに潜んでいて、消し忘れや消しすぎ、ゆがんだ描き加えなどの手ぬかりがあるのがニセ札です。

細かく見れば真券と違う点が多いのがニセ札で、決して精巧などとはいえませんが、判例にあるように、人が見誤る程度につくられているのがニセ札といえるでしょう。

お金の受け渡し、ウッカリにならないように気をつけたいものです。

三　ニセ札を追う科学捜査

印刷には凸版、凹版、平版、孔版などの違いがあって、これを印刷の四版式といいます。

凸版は版面につくられた凸状の高い部分に文字や模様があって、ここに着けられたインキが紙に移って印刷物が出来上がります（※著者注：印刷用はインキ、事務用はインクと区別されている）。

凹版は凸版の逆で、印刷版面につくられたクボミ（溝）が文字や模様で、インキはクボミに詰められ、それが紙面に移されて文字や模様が印刷されます。

クボミにインキを詰めるにはどうするのでしょう。一旦、印刷版面全体にインキを着けた後、クボミ以外の版面に着いたインキを拭き取り、クボミに残ったインキで印刷をするのが凹版印刷です。

平版は文字どおり版面が平らで、版面には高い低いがありません。文字や模様とその他の白地の部分は化学的に性質が違っていて、同じ平面でも文字や模様の部分にだけインキが着くようにつくられています。文字や模様以外の白地の部分は水分を含む性質で、これが油性の印刷インキを弾く役割を果たしているのです（図1）。

図1　石版の印刷版（左）と三色分解された平版印刷面（右）

孔版は小さい孔の集まりで版材面に文字や図柄がつくられていて、インキはその穴を通り抜けて紙面に文字や図柄を印刷します。

印刷には、上記のような印刷版式とは別に印刷方式と呼ぶものがあります。オフセット、グラビア、網目印刷、多色印刷などさまざまな呼び名があって、それらが印刷方式ですが、これは印刷するときの方法の違いで、どの印刷方式であっても、印刷版は先の四版式のうちのどれかが使われています。

印刷の話になってしまいましたが、印刷で偽造されたニセ札の鑑定では、この四版式の違いが重要な意味をもっています。

印刷版式が違えば印刷される紙面へのインキの着き方が違うことになり、これが印刷版式を見分けるポイントになっているのはいうまでもありません。

凸版印刷では、版面の高いところにインキが着きますから、版面を紙に押しつけると余分なインキは版面の文字や模様の周りの凹みに押し出され、結果として、文字や模様の線の両端に細くて濃い線が生まれることになりますが、このクマドリの濃い線は専門用語でマージナルゾーン（周辺帯）といいます。

ニセ札の印刷画線にマージナルゾーンがあれば、そのニセ札は凸版印刷偽造ということになります。

凹版印刷物の文字や模様は、クボミに詰まったインキが紙面に移ったものですから、インキは紙面に盛り上がって着いていて、版面のクボミが深いほどインキの盛り上がりも大きくなります。本モノの銀行券の肖像は凹版印刷ですから、濃い部分を指先で擦るとザラザラとした感じがあって、インキの盛り上がりがわかるでしょう。

グラビア印刷は凹版ですが、図柄を同じ大きさで細かく区切ったクボミの中にインキを詰め込んで印刷しますから、印刷された画像は同じ大きさの細かいインキの集まりでできています。一つひとつのクボミの深さの違いによって紙面に移るインキの盛り上がり方が違っていて、これが画像の濃淡を表しています。このようなことから、グラビア印刷の画像には大きさがまったく同じ小さいマス目ができていて、これが印刷方式の識別に使われています。

平版印刷は版面には凹凸がないから、版面の文字や模様に着いたインキは文字や模様の周りに勝手に広がって印刷され、これが画像のボケといわれる原因となっています。平版印刷のニセ札は全体がボケた感じといわれるのはこのためです。

平版の版面は化学的につくられていて、版面に水を与えて印刷するから、版面が紙面に直接触れると版面にキズがつく恐れがありますが、これを防いでいるのがオフセット印刷です。

輪転機で印刷されるオフセット印刷では、文字や図柄は一旦、版面に接するゴム胴に印刷され、ゴム胴に移ったインキが紙に移って、間接的に印刷が行われることになりますから、ボケがなくなる余地はありません。

ニセ札が出回ると鑑定の結果が平版印刷による偽造や凸版と凹版を使った偽造などと報じられますが、ニセ札の鑑定はこのような印刷版式と印刷方式の識別によっているのです。

ニセ札の文字や模様の線の位置や形が「本モノそっくり」といわれるものには写真製版があります。写真製版によるニセ札では、真券にある細い線が消えていたり、線が密集している部分では隣の線と線が接することなどがあるから、線や点の位置や間隔が本モノと違ってきますが、文字や図柄の位置や形は真券とほとんど同じです。

写真製版であっても不出来な部分には修正の手が加えられますが、犯人は苦労を重ねていても、鑑定の側からいえば、このような手細工は真偽の識別を容易にしているといえます。

「千－三七号」のスカシは犯人が考えた末のことでしょうが、紫外線でそのカラクリが暴露されています。

油性物質を使って印刷したものだったため、その部分の透明度が高く、肉眼ではスカシがあるように見えましたが、紫外線によってスカシの部分に蛍光が確認されています（図2）。

紫外線や赤外線、あるいは軟X線などを使う検査はニセ札の鑑定に欠かせませんが、それらは主に素材の検査が目的で、赤外分光光度計や蛍光X線分析、あるいはX線回《かい》折《せつ》やソフトX線による透視検査などの非破壊検査によって、ニセ札を壊すことなく、インキや紙の質を明らかにしています。

ニセ札の偽造には避けて通れない難所がありますが、ニセ札の犯人たちはそれを何とかくぐり抜けようとするから真券との違いが生まれるので、スカシの偽造はその例といえるでしょう。

図2　左：千円日本銀行券の真券の裏面
右：「千－三七号」偽造千円札の偽造のスカシ
（紫外線の照射による蛍光像）

ニセ札鑑定の場には捜査の側からさまざまな情報が持ち込まれることがあります。一九八一(昭和五六)年の「利－一五号」事件では、精巧〳〵と騒がれていたためか、スキャナーによる色分解の可能性がある、という情報が持ち込まれました。

ニセ札の原物を見ていない印刷業者は、精巧、極めて精巧などといわれれば、そのころ印刷業界に登場したばかりのカラースキャナーの可能性を考えるのは当然でしょう。だが、ニセ札の原本を見ないでの情報にはアテにならないものが少なくありません。「利－一五号」事件のニセ札では、位置ずれや模様のゆがみがあって、鑑定が製版過程を明らかにしているのに、スキャナーの可能性とは何ごとかとなりますが、捜査員はわずかな手がかりも見逃すまいと専門家を訪れているのです。

「利－一五号」のスカシは紙面の凹凸で偽造されていました。

ニセ札の裏にスカシ模様の凹みがあったことから、凸版の押し型を使って裏から押したものと判断されていましたが、押されているスカシが不明瞭だったことから樹脂凸版の使用が考えられました。

捜査員に樹脂凸版の押し型といってもわからないでしょう。そこで考えたのが、樹脂凸版でスカシの原型と考えられる見本をつくって捜査員に配ることでした。配られた樹脂凸版のようなものを見たら「近くに犯人が居る」という説明でしたが、逮捕後の押収品の中には、なんと、数十枚のスカシに使った樹脂凸版がありました。想定どおりの結果ですが、こんなことは毎度あることではありません。

印刷版式がわかれば偽造方法を推定できますが、本筋からはずれたものでは、そうであろうというのが精一杯で、想定がそっくり当てはまるなど、めったにありません。

科学的に判断ができるものには限界があって、この例のように限界の外のものではまったく無力になりますから、ニセ札をいかに細かく調べても、科学の限界外にあることは推定できないし、ある程度推定ができても、複数の仮説しか立てられないことになるのです。

試行錯誤があっても、ニセ札を追う科学捜査は、合理性のある根拠をもとに一歩一歩ニセ札犯人を追いつめていて、近年では機器分析が威力を発揮しています。

印刷インキの中の顔料の分析にはX線回折や蛍光X線分析、あるいはX線マイクロアナライザー、インキの中の染料や細かい繊維の素材分析には赤外線分光分析（FT

IR）などの機器が活躍しているからで、今日の贋金は科学捜査が暴いているといっても過言ではありません。

四　符号で呼ばれる偽造通貨

「千－三七号」事件、「和D－五三号」事件など、ニセ札が発見されると決まったように事件名が記号と数字で報道されますが、これは硬貨の場合も同じです。

報道ではこの符号が何を意味するものかを説明していますが、それに逆らうように、市販の単行本には、

「『チ－五号』の『チ』は千円札の『千』という数字をもじったものである」

などと、間違った内容を勝手に説明しているものがあります。

これに対抗したのではないでしょうが、別の単行本では、

「千円券は、本当は『ち』または『千』であって、『チ』ではない。『チ－三十七号』を正しく書くと、『千－三十七号』または『ち－三十七号』である」

など、こちらも、事実とまったく違う説明をもっともらしく述べています。本の著者らがどのように考えようとかまいませんが、勝手な説明があるために「どれが本当ですか」と尋ねられるのは迷惑としかいえません。

ニセ札を見つけた人がまず考えるのは警察へ届けることでしょう。なかには届けると損をするからと、黙って使ってしまう人もいるようですが、ニセ札と知って使うと、知情行使という罪が待っています。

ところで、警察に届けられた贋金はどこへ行くのでしょう。贋金の取り扱いには、国家公安委員会が定めた「偽造通貨取扱規則」というのがあります。

平たくいえば、届けられた贋金の取り扱い方を決めた規則ですが、この規則で「偽造、変造またはその疑いのある貨幣、紙幣、銀行券」をまとめて「偽造通貨」としていて、外国の通貨もこの中に含めています。

国家公安委員会が集中鑑識を定めているのは偽造通貨と銃器弾薬類の鑑識だけですが、これは全国のどこで起こった事件でも、犯人が同じであるかどうかを知るために欠くことのできないシステムです。

世間で「お札」と呼ばれるものには紙幣と銀行券があります。

紙幣は日本国政府が発行するお札、銀行券は日本銀行が発行するお札で、現在流通しているお札には政府発行の紙幣はありません。

古い時代の紙幣でいえば、一九三八（昭和一三）年の富士山と桜が図柄の五十銭札や、一九四五（昭和二〇）年の靖国神社が図柄の五十銭札は「大日本帝国政府紙幣」です。

ニセ札に触れる前に、日本銀行券を一見してみましょう。

現在の日本銀行券は発行時期によってB号券からE号券までに区別されています。

B号券

（昭和二五年発行）聖徳太子の千円、岩倉具視の五百円、板垣退助の百円、高橋是清の五十円

C号券

（昭和三二年発行）聖徳太子の一万円、聖徳太子の五千円、伊藤博文の千円、岩倉具

視の五百円

D号券

（昭和五九年発行）福沢諭吉の一万円、新渡戸稲造の五千円、夏目漱石の千円

E号券

（平成一六年発行）福沢諭吉の一万円、樋口一葉の五千円、野口英世の千円

などがそれですが、今日の日本銀行券は一回で多くの違った色を同時に印刷できるザンメル方式やレインボーカラーと呼ばれる多色印刷ですから、従来のように真券と同じ印刷技法を使ったニセ札は、もはや登場の場がありません。

ザンメルやレインボー印刷では、模様を構成する一本一本の線の色が端から徐々に違う色に変わっても、色の変わり目に境がありませんが、ニセ札がこれを真似られないのは、市中にある印刷機では、ザンメルやレインボーのように境目なしに一本の線の色が変わる印刷ができないからです。

日本銀行券は「日本銀行法」という法律を根拠とする法定通貨ですが、それらは国

内の四つの工場で印刷されています。

各印刷工場は記番号の末尾（最後）にアルファベットの記号で示されていて、AからGは東京の滝野川工場、HとJからNは神奈川県の小田原工場、PからSは静岡県の静岡工場、TからZは滋賀県の彦根工場のそれです。「I」と「O」は数字の「1・0」と間違えないようにとの計らいで工場の記号には使われていません。

銀行券の記番号は「000001」から「900000」までが横に並んだ6桁で、一系列で90万枚が印刷されていますが、90万枚ごとの違いは記番号の頭（左端）のアルファベットで示されています。

このアルファベットには表示方法の決まりがあって、一字だけのアルファベットで90万枚を刷り終わると記号が2桁になりますが、2桁目のアルファベットは1桁目の左（記番号の外側）につけられます。

2桁以上になると記号文字がない代わりに、今度は記番号の色で区別されていて、現行の銀行券の記番号には次の色インキが使われています。

C号千円

昭和三八年以降は黒　↓昭和五一年以降は青

D号千円

昭和五九年以降は黒　↓平成二年以降は青　↓平成五年以降は褐色　↓平成一二年以降は暗緑色

D号五千円

昭和五九年以降は黒　↓平成五年以降は褐色

D号一万円

昭和五九年以降は黒　↓平成五年以降は褐色

E号千円

平成一六年以降は黒　↓平成二三年以降は褐色　↓平成三一年以降は紺

E号五千円

平成一六年以降は黒　↓平成二六年以降は褐色

E号一万円

平成一六年以降は黒　↓平成二三年以降は褐色

色の違いは銀行券の体裁が変わったときと、記番号の組み合わせを使い果たしてしまったときに使われていますが、その中には字画が細い書体と太い書体の違いもあります。

世間の人に気づかれていないものに、銀行券の製造所名があります。かつては銀行券の表面の下に「大蔵省印刷局製造」と小さく印刷されていましたが、大蔵省が財務省に変わったことから、二〇〇一（平成一三）年にはそれが「財務省印刷局製造」に変わっています。さらに二〇〇三（平成一五）年になると、同じ場所に「国立印刷局製造」と印刷されていますが、これらは大蔵省が財務省になり、独立行政法人国立印刷局が誕生したためで、表札の掛け替えといえるでしょう。

このことからいえば、現在の日本銀行券は、独立行政法人国立印刷局が製造して日本銀行に納め、それが日本銀行から発行されているということになります。

話題を偽造通貨に戻しましょう。

先に述べたように、国家公安委員会は「偽造通貨取扱規則」を定めていますが、これは偽造通貨を鑑識で扱うための手続きで、市民から偽造の疑いがあるといって届けられた通貨は、そのすべてを科学警察研究所に送るように定めています。同研究所では銀行券と貨幣とに分けて鑑定を行っていますが（※著者注：銀行券は情報第二研究室、貨幣は附属鑑定所）、どちらもニセモノと認めたものには、それを分類して符号をつけています。

また、科学警察研究所には、符号をつけるために定めた「偽造通貨符号制定規定」があります。

そこには、紙幣や銀行券には頭に「伊呂葉別文字記号」の中の一字をつけた一連番号をつけること、貨幣には頭に「硬」の漢字をつけ、金額ごとに定めてあるアルファベット一字を冠した一連番号をつけることとしています。

紙幣や銀行券の記号に使う「伊呂葉仁保辺登千利奴留於和加（以下略）」の漢字は、あらかじめ符号制定規定に決められていて、発音は「いろはに……」とカナの一字で呼ぶことにされていますから、そのときの思いつきで恣意的に勝手な漢字を使うことはできません。

符号制定、すなわち「千－三七号」や「和D－五三号」などの符号をつける根拠はここにあって、先の単行本のように「『チ』は千円札の『千』をもじったもの」「本当は『ち』または『千』であって『チ』ではない」などと、誤った説明がみられますが、これは世間に符号の説明が十分になされていないための間違いではないでしょうか。

では、なぜ、符号をつけるのでしょうか。お金は人手から人手へと渡り歩きますから、犯人が大阪で使ったニセ札が、犯人以外の人の手を伝って東京で見つかることもあります。

犯人が大阪で5枚のニセ札を使った場合に、3枚は大阪、1枚は東京、残りの1枚は福岡で見つかったとすると、5枚のニセ札が同じ犯人の仕業かどうかを確かめるのが捜査の出発点となりますが、それを確かめるためには、5枚のニセ札を一か所に集めなければなりません。

この仕事を任されているのが科学警察研究所で、偽造通貨の取扱規則はこの集中鑑識のシステムを定めたものです。

犯人が違う場所で1枚ずつ使ったとしても、それが同じ犯人の仕業であるかどうかは、この集中鑑識で明らかにされています。

科学警察研究所は、送られてきたニセ札が今までに発見されていない新しいもののときは、そのニセ札に新しい符号をつけ、5枚が同じであれば、5枚に同じ符号をつけています。符号が同じならば、いつ、どこで使われたニセ札でも、犯人は同じということになり、符号が初めてのものであれば、新しい偽造通貨事件ということになります。

符号が同じニセ札の捜査では、都道府県が違う警察が同じ犯人を追っていることになりますから、犯人が運賃をかけて別の場所でニセ札を使っていても、このシステムがあるかぎり、犯人の行動は無駄ということになります。

偽造通貨の事件が符号と番号で呼ばれるのはこの集中鑑識と合同捜査があるからにほかなりません。

符号制定規定では外国の通貨も日本の通貨と同じに扱っていますが、外国通貨の符号は、頭に「外」をつけて外国通貨であることを示した後に、ＩＣＰＯ（国際刑事警察機構）の国別記号をつけて、その通貨の国を明らかにしています。

ちなみに、アメリカの１００ドルの符号は「外Am 100ドル－□号」、50ドルは「外Am 50ドル－□号」となりますが、アメリカを示す「Am」はＩＣＰＯの国別記号です。

日本銀行C号一万円のニセ札は符号が「和（わ）」であり、D号一万円の符号が「和D」であるのは、最初に発行されたC号一万円ではほかと区別する必要がなかったからです。

「和D」とは、日本銀行のC号券とD号券を区別するために、一万円の符号の「和」に日本銀行券の形式記号の「D」をつけたもので、一万円の符号は常に「和」ということで変わることはありません。

一九九三（平成五）年三月、大阪市内を中心に５００余枚が使われたニセ一万円事件が「和D－五三号」事件と名づけられたのは、それが日本銀行D号一万円券のニセ札で、一万円のニセ札としては最初から五三番目のものということになります。

銀行券と同じように、偽造硬貨にも分類記号がありますが、こちらには価格を示す記号にアルファベットが使われています。

「E」は昭和三二年に最初に発行された鳳凰模様の百円硬貨
「EB」は昭和三四年発行の稲穂模様の百円硬貨
「EC」は東京オリンピック記念の百円硬貨
「ED」は昭和四二年発行の百円硬貨

などがその例で、図柄には関係なく百円を示す符号は常に「E」ということで、変わることはありません。

ほかの硬貨の符号は、五円がB、十円がC、五十円がDで、五円や五十円の有孔と無孔、十円のギザありとギザなしなどには、それを区別する二桁目の符号がつけられています。

なお、一円を示す符号はAとなりますが、現実には一円のニセ硬貨が存在しないため、Aの符号は使われていません。

ここまで説明しましたように、偽造通貨には「符号制定規定」という決まりがあって、符号は恣意的につけられたものではないのです。

五　印刷局も知らなかった五千円札のナゾ

鑑定では思いがけないものに出会うことがありますが、聖徳太子が肖像の五千円札の表の模様に違いがあるのを知っている人がいるでしょうか。

「ニセ札の疑いがある」といって届けられ、長野県の科学警察研究所から送られてきた五千円札は、表の左端にある唐草模様の中の線が一本足りませんでした。

当時の大蔵省理財局から鑑定の対照用として提供されている五千円札の見本では、表の左にある唐草模様の一部に細い線が三本ありますが、送られてきた五千円札では細い線は二本だけです（図3）。

印刷はザンメル印刷とレインボー印刷ですから真券に間違いないでしょうが、日本銀行券の五千円の図柄には違うものがあるのか、が疑問でした。

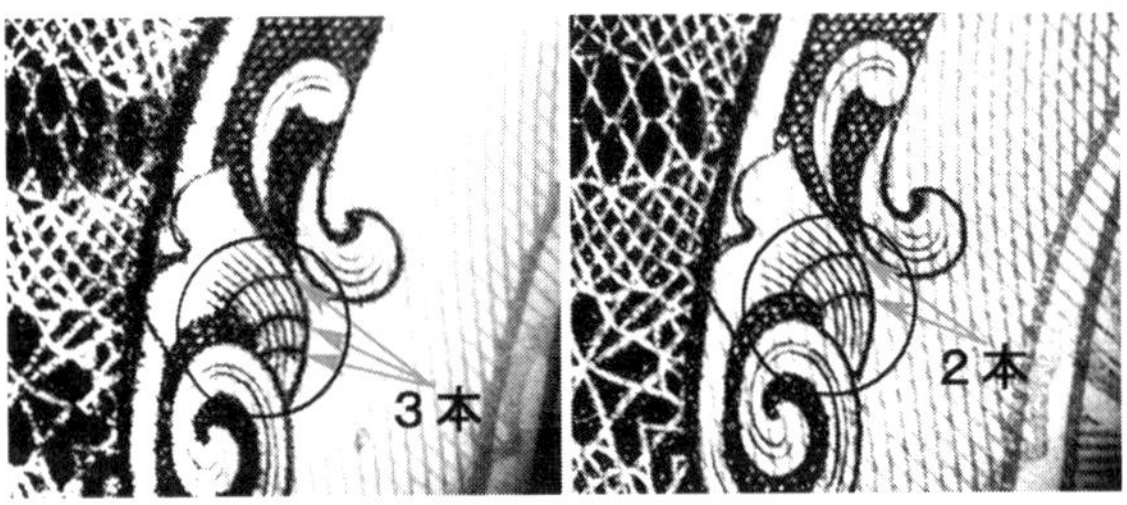

図3　印刷工場が違う五千円日本銀行券の暗証
左：神奈川県小田原工場製（線が3本）
右：東京都滝野川工場製（線が2本）

科学警察研究所ではわからない、ということで、発行元の日本銀行発券局を訪ねてみましたが、この違いを知っている人はいませんでした。

居合わせた人たちが、再発行する予定の五千円の銀行券を100枚ほど丁寧に調べてくださいましたが、該当するものはまったくありませんでした。

「ここではわかりませんので、印刷局にお尋ねください」が、日本銀行発券局の返事になってしまいました。

製造元に行けばわかるでしょうということです。

早速、王子にある印刷局研究所を訪ねてみましたが、なんと、ここでも「わからない」が答えです。

「こんなのがあるのは知らなかった」「いままで見たことがない」「見るのは初めてだ」が、研究所員の発言です。

問題の銀行券をジッと見ていた研究員は、「真券に間違いありませんが、どうしてでしょう」と首をかしげています。

「どうしてでしょう」はこちらが訊きたいことですが、「どうして」の疑問は同じです。

現場ならわかるでしょうから、工場に訊いてみましょう、ということで、電話で尋ねてくださいましたが、工場にも知っている人がいないそうで、「そんなのがありますか」が返事だったそうです。

「原因を調べて後ほどお知らせします。しばらくお待ちください」がここでの返事となってしまいました。

製造元の印刷局の研究所や工場でさえわからないというのはどうしてだろう。真券に間違いないことは確認できましたが、原因は製造元の印刷局でもわからないというのです。

待つことしばし、印刷局からの電話でようやく原因にたどり着くことができました。知っていたのは滝野川工場OBの角川さんという人だったそうで、現役の人たちではわからなかったのでOBにまで尋ねてくださったようです。

角川さんの話では、二本は滝野川工場製、三本は小田原工場製とのことでした。

当時、五千円札の90％以上は小田原工場で印刷していましたが、何らかの事情があって、一時期、滝野川工場でも五千円札の印刷をしたことがあったそうです。そのとき、滝野川工場と小田原工場の違いを示す現場だけの暗号として、滝野川工場を二本、小田原工場を三本としていたのだといいます。

決められたことではないので、報告はしていないとのことでした。

このように誰もが気づいていなかったわずかな違いを、最初に見つけた長野の人は、どのようなきっかけがあってこの違いを見つけたのでしょう。ほうぼうを駆け回っているうちに、尋ねるのを忘れてしまいました。

ほかにもこのようなことがあるだろうか。

探してみたら、ありました。

板垣退助が肖像の百円札がそれです。

百円札の表の右下には、「∧」の連続で丸く囲んだ模様がありますが、その中の一つが「A」で、その位置や向きに違うものがありました。

丸く囲んでいる∧の中にAがないものとAが左にあるもの、右にあるもの、下にあるものなどいろいろです。

やっぱり何かの暗号だろうと思っていたら、印刷局の説明を見つけました。

印刷局ではこれを「シークレットマーク」と名づけています。

理由はわかりませんが、これも何かの暗号でしょう。

日本銀行券には隠し文字というものがあって、これは公表されていますが、二〇〇四（平成一六）年一一月発行の福沢諭吉の一万円、樋口一葉の五千円、野口英世の千円にはカタカナで「ニホン」の三文字が模様の中にバラバラに分けて印刷されています。

札ばかりではなく、隠し文字は五百円硬貨の表裏にもあって、こちらもバラバラに分けて刻まれています。

「500」とある面の「5」にはN・I、中央の「0」にはP・P、右の「0」にはO・Nの各ローマ字があり、さらに、左側の「0」の中央の枠内には「500」、右端の「0」の中央の枠内には縦棒状の潜像加工があります。

また、「日本国」とある面では、桐葉模様の花または実の中に「NIPPON」のローマ字が一字ずつに解体されています。

同じ日本の通貨でありながら、日本銀行券は「ニホン」、政府発行の硬貨は「NI

PPON（ニッポン）」としているのはなぜでしょう。

日銀券の裏には「NIPPON GINKO」の文字が印刷されているから、「日本銀行」はニホン銀行ではなく、ニッポン銀行が本来の呼び名のようですが、隠し文字は「ニホン」です。

これが日本語の難しいところでしょうか。

第三章

世界各国のニセ札防止策

一　日本銀行券の偽造防止策

札に偽造防止策があるのはどこの国も同じで、日本銀行券も例外ではありませんが、これは偽造防止だけではなく、誰にでもニセ札がすぐにわかるようにとの役割もあるようです。

このような目的で札に加工されているものにスカシがありますが、札のスカシには文房具などのスカシと違って、紙繊維の密度を高めてその部分が暗く見えるようにしたものも使われています。

暗く見えることから「黒スキ」と呼ばれていますが、黒スキには「すき入れ紙製造取締法」という法律があって、日本銀行券や政府が発行する証券類、あるいは日本国旅券以外では、使用ばかりか、製造も禁止されています。

この黒スキが初めて使われたのは明治一九年発行の五円の日本銀行兌換券だそうですが、その後、白黒のスカシが併用されて白黒スキとなったのは明治二二年発行の一円改造兌換券が初めてと伝えられます。

今日の日本銀行券は世界に誇れる超高度の印刷ですから、ニセ札などはつくれないと考えるでしょうが、人をだませればの輩は後を絶ちませんから、スカシだけでは不十分でしょう。

今日の日本銀行券にはさまざまな偽造防止策がとられていますが、どのようなものがあるか、試みに一万円札を覗いてみましょう。

すべてを知っている人がどれほどいるかわかりませんが、話してみると、エッ！といって財布を開く人がいますから、銀行券のセキュリティを知っている人はそれほど多くはなさそうです。

①すき入れ模様

銀行券の中央に、図柄が印刷されていない白紙の部分があって、そこには、その銀行券の肖像と同じ人物の肖像が白黒のスカシで加工されています。すき入れはほかにもあって、肖像の右肩の脇に、一万円は三本、五千円は二本、千円は一本の縦の帯状のスカシが並行しています。

②パールインキ

正面から見ると変わりがありませんが、札を傾けると、左右の印刷のない余白部分にピンク色のパール光沢が浮かび上がります。

③識別マーク

表面の左下と右下の隅に、目の不自由な人のための深凹版印刷の識別マークが印刷されていて、五千円や千円などでは、金額がわかるように、識別マークの形が違えてあります。

④マイクロ文字

銀行券の表裏の地模様の中には、図柄に埋め込むように「NIPPON GINKO」の超微小の文字が連続して印刷されています。

⑤ホログラム

札を傾けて見る角度を変えると、表面の左下にキラキラ光る金属光沢のホログラムが見られますが、ホログラムの中には桜の花模様、日銀マーク、額面金額などが加工されていて、それらは紙面の傾き具合によって同じ位置で変化します。また、ホログラムの図柄を囲むように「NIPPON GINKO」の超微小の文字も印刷されています（このホログラムは、五千円札の表面の左下にもあります）。

⑥発光インキ

紫外線を当てると「総裁之印」の印がオレンジ色の蛍光を発光します（印章の蛍光現象は額面の違うすべてのE号券にあって、どれもオレンジ色に見えます）。

日本銀行券にはこれらのほかにも、深凹版印刷（凹版印刷の彫りを深くしたもの）や超細密画線（他と違う超細密な凹版画線）がありますが、これらと違って、その銀行券だけに特別に加工された潜像パール模様（千円）や光学的に変化するインキ（D二千円）などもあります。

ニセ札では偽造防止策は真似ができませんから、このうちの一つを知っていれば、ニセ札を摑むことはないでしょう。

ニセ札を摑んで悔しがる前に、注意するに越したことはありません。

二　ポリマー紙幣の登場

一九六六年までのオーストラリアの通貨はイギリスと同じポンド、シリング、ペンスでしたが、使い勝手が良い十進法が採用されてからは、オーストラリアドルが使われています。

著者がオーストラリア・クイーンズランド警察本部からの要請でブリスベンに滞在していた当時、銀行で受け取ったオーストラリアの10ドル紙幣は、手触りがプラスチックを思わせるものでした。

一緒に仕事をしていたトーマス・マクガイア警視に尋ねたら、一九八八年に建国二〇〇年を記念して発行したもので、世界で初めての紙以外の紙幣だと自慢していました。

オーストラリア準備銀行とオーストラリア連邦科学産業研究機構が共同開発したものといいますが、素材が紙ではなく、合成樹脂だったことから、その後は世界の共通語として「ポリマー紙幣」と呼ばれています。

オーストラリアは一九九二年から一九九六年までの間にすべての紙幣をポリマー紙幣に替えましたが、ポリマー紙幣はどれもオーストラリア中央銀行製だそうです。

オーストラリアに次いでポリマー紙幣を発行したのはサモアで、一九九〇年に記念紙幣として2タラ紙幣を発行しています。

一九九〇年、オーストラリアの印刷所が民営となり、「バンクノート・プリンター・オーストラリア」となったことから、ここには多くの国がポリマー紙幣を注文しているそうです。

シンガポールは一九九〇年に記念紙幣として50ドルのポリマー紙幣を発行しましたが、次いで、二〇〇四年には10ドル、二〇〇六年には2ドルと相次いでポリマー紙幣を発行しています。

また、インドネシアは一九九三年にスハルト政権の二五年記念として5万ルピアのポリマー紙幣を発行していますが、ニュージーランドは一九九九年に流通するすべての紙幣をポリマー紙幣に替えています。

ポリマー紙幣は、二〇〇五年にメキシコ、二〇〇七年に香港、二〇〇八年にはナイジェリアとイスラエル、二〇一二年にフィジーなどの国々が流通紙幣に取り入れていますが、二〇一六年にはイギリスも6ポンドにポリマー紙幣を使っていて、今日では、世界の20カ国以上がポリマー紙幣を使っているようです。

オーストラリアと同様にカナダも過去にはポンドでしたが、一八五八年からはカナダドルを導入し、一八七一年には100、50、20、10、5ドルがカナダ全土で使われるようになって、二〇一一年からはポリマーのカナダドル紙幣が使われています。

話が本筋からはずれますが、オーストラリアの5ドルやカナダの20ドルの肖像にはエリザベス二世が使われています。共通しているのはどちらもイギリスから分かれた国だからでしょう。

以前、著者はオーストラリアのクイーンズランド最高裁判所で、宣誓のときに裁判官から「聖書か、女王か、自分の心のいずれに誓うか」と問われ、〝女王〟が入るのを不思議に思いましたが、このことから考えると、オーストラリアやカナダの紙幣に見られるエリザベス二世の肖像の共通性は、彼らの国にとっては当然のことかもしれません。

わが国では依然として紙幣にポリマーを使わないのは何故でしょう。

ここには、江戸幕府が紙の素材として栽培を奨励した楮《こうぞ》や三椏《みつまた》の歴史があることと、今日でも紙幣の原料として楮や三椏を栽培している人たちへの配慮があるからではないでしょうか。

三　銀行券に印刷された真偽判別マーク「ユーリオン」

「ユーリオン」など、普段はあまり聞かない言葉でしょうが、ひと言でいえば銀行券の真偽判別マークとなりましょうか。

銀行券の中にそれとなく印刷されていて、目にとまらぬ程度のパターンですが、このパターンは、人が真偽を識別するためのものではありません。

では、何のための印刷でしょう。

コピー機やスキャナー、あるいは画像処理用のソフトウェアなど、今日の画像処理機器のために印刷されている世界共通の識別パターンで、画像処理機器やソフトウェアがユーリオンを検知すると、その機器やソフトウェアはユーリオンが印刷されている銀行券を読みとりません。

試みに一万円をコピーしてみると、コピー機の画面に「中止しています。原稿が異常です」と表示され、パソコンで取り込もうとすると「このアプリケーションでは、貨幣を無許可で処理することはサポートされていません」(※著者注：いずれもエプソン)などが表示されて、コピー機やパソコンが複写を受け付けません。

すなわち、ユーリオンとは、銀行券の偽造や複製を防ぐための隠しパターンといえるでしょう。

ユーリオンの名はマルクス・クーンという人が二〇〇二年の初めにつけた造語といいますが、驚くことに、このユーリオンの基盤となるオリオン座の形に似たパターンの検知機能は、なんと、わが国の電気製品メーカーであるオムロン(旧立石電機)が一九九四(平成六)年に設計して開発したものです。

過去には札が使える自動券売機を開発している立石電機ですが、今度は銀行券を複写できないシステムを開発したのでしょう。

オムロンは「ユーリオン」の特許を使う世界各国の印刷局やコピー機メーカー、ソフトウェアメーカーなどに技術を開示しているといいます。

開発の本家であるわが国ではどうでしょう。

日本銀行は早くからユーリオンを取り入れていて、二〇〇〇（平成一二）年発行のD号二千円券（財務省印刷局製）には早くもユーリオンを採用していますが、二〇〇四（平成一六）年に発行した国立印刷局製の現在のE号日本銀行券では、すべての銀行券の表と裏にユーリオンが印刷されています（図4）。

今日、日本銀行券をはじめ、世界各国の銀行券をコピーできないのは、カラーコピー機やスキャナーがいずれもユーリオンの検知機能を備えているからにほかなりません。

ユーリオンは開発したオムロンの名をとって、「オムロンリング」とも呼ばれますが、日本銀行券のユーリオンは淡いオレンジ色に見える微小の円形で、銀行券に印刷されています。

図4　一万円日本銀行券のユーリオンの有無
上：独立法人国立印刷局製（枠内の矢印がユーリオンの位置）
下：大蔵省印刷局製（ユーリオンの印刷がない）

D号二千円　表　すき入れ部右上の菊の花模様の中
　　　　　　　裏　すき入れ部左の輪郭外の地紋の中
E号一万円　表　すき入れ部の輪郭模様の左上と右上の地紋の中
　　　　　　　裏　すき入れ部の下方とその右の地紋の中
E号五千円　表　すき入れ部周辺の地紋の中
　　　　　　　裏　左上の「５０００」の下と右下の地紋の中
E号千円　表　漢字の「千円」の文字の左右の桜の花模様の中
　　　　　　　裏　右下の地紋の中

ユーリオンは五つの小さな円で構成されていて、オリオン座に似た配置は世界中の銀行券に共通していますが、どこの国の場合にも、ユーリオンの周囲には、ユーリオンと同じ大きさのダミーが印刷されていますから、ユーリオンを見つけるのは容易ではありません。

今日、ユーリオンは50カ国前後の国の通貨に使われているようですから、ほとんどの国の通貨はコピーが不可能でしょう。

四　新ユーロ紙幣のセキュリティ

オリンピックとパラリンピックの日本開催が決まって一か月ほどたったある日、金券ショップの主人から電話があって、再びユーロ紙幣のセキュリティに触れることになりました。再びというのは、一九九八年に長野の冬季オリンピックが開催される前に、銀座の偽造通貨対策研究所長からユーロ紙幣の特徴の解説を頼まれたことがあったからです。

だが、現在のユーロ紙幣は当時のものとはまったく違うデザインです。

ユーロ紙幣は二〇〇二年に登場しましたが、その後、二〇一二年までの間に25万枚ものニセユーロ紙幣が発見されたといわれるからでしょう。

そのようなことから、欧州中央銀行（ＥＣＢ）では二〇一八年から偽造通貨対策として ユーロ紙幣の刷新を手掛け、二〇一九年にセキュリティを強化した新紙幣を登場させています。

前にもそうでしたが、ユーロ紙幣には肖像がありません。どこかの国の人物を肖像に使うと、その国に偏って欧州連合の意味がなくなってしまうからとのことです。

そのため、ユーロ紙幣は表に建造物を使っていますが、これも実在のものではなく、ヨーロッパの歴史を偲ばせる時代を考えた架空の建物をデザインしたものだそうです。

表面の図柄を見ると、

5ユーロ　古代ギリシャ・ローマ様式の古典建築（五世紀以前）
10ユーロ　ロマネスク建築（一一、一二世紀）
20ユーロ　ゴシック様式（一三、一四世紀）
50ユーロ　ルネッサンス様式（一五、一六世紀）
100ユーロ　バロック様式（一七、一八世紀）
200ユーロ　アール・ヌーヴォー（一九、二〇世紀）
500ユーロ　現代建築（二〇、二一世紀）

となっています。

また、裏面は各国を結ぶという意味で、橋をデザインしたといわれますが、この橋も架空のものだそうです。

ユーロ紙幣のデザインは欧州連合内の公募で選ばれたもので、オーストリア国立銀行のロベルト・カリーナ氏のデザインだといわれます。

さて、ユーロ紙幣のセキュリティはというと、開示されているものだけでも多彩ですが、代表として500ユーロのセキュリティを挙げてみましょう。

表面の左下にある「500」の柄つき文字は凹版ザンメル印刷ですが、その右に上下に重ねた状態で印刷されている「EURO」（上）と「EYPΩ」（下）及び右上の大きな「500」の数字と建築物は凹版印刷で、一部はザンメル印刷です。

表面の左下の「EYPΩ」の縁つき文字と、そこから同じ色で右に延びる部分にはマイクロ文字が連続しています。連続するマイクロ文字はほかにもあって、表では建物内の明るい部分、最上段の青色線条内と総裁のサインの下にある「☆」の中、裏では橋桁がマイクロ文字で印刷されています。

表面の左の空白部には黒白のスカシがありますが、その右の地模様の中にはバーコードのスカシがあり、その下には別の白スカシがあります。

500～50ユーロ紙幣の表の右にはホログラムパッチ、20～5ユーロ紙幣では表の右にホログラムベルトがあって、紙幣を傾けるとホログラム内の文字を見ることができます。

わが国ではあまりなじみがないユーロ紙幣ですが、オリンピックではEU諸国の人が来日するだろうから、というのが金券ショップの主人の話でした。

五　スーパーノートに破られたアメリカドルの歴史

アメリカドルはデザインの長寿を誇っていましたが、一九八九年の北朝鮮製と伝えられるスーパーノートの登場で、一九九六年以後は改刷が続けられています。といっても、今までのドル紙幣が使えなくなったのではなく、大きさも同じで、新旧の交代に時間の制限があるわけでもありません。

アメリカには、一七七六年の独立宣言前から紙幣がありましたが、一九一三年一二月にアメリカ全土を一二の銀行区に分けた連邦準備制度法が成立し、翌年、連邦準備銀行が開かれたことから、その後は、連邦準備券が使われています。

私たちが手にする米ドルは、正しくは連邦準備券（Federal Reserve Note）ですが、一九二八年以降の連邦準備券シリーズでは、価格によって肖像が決まっていて、100ドルはベンジャミン・フランクリン、50ドルはユリシーズ・S・グラント、20ドルはアンドリュー・ジャクソン、10ドルはアレキサンダー・ハミルトン、5ドルはアブラハム・リンカーン、2ドルはトーマス・ジェファーソン、1ドルはジョージ・ワシントンなどとなっています。

ドルを発行する一二の銀行には、AからLまでの象徴文字と、象徴文字に対応して1から12までのアラビア数字の象徴番号があって、その組み合わせは、A－1はボストン（マサチューセッツ）、B－2はニューヨーク（ニューヨーク）、C－3はフィラデルフィア（ペンシルバニア）、D－4はクリーブランド（オハイオ）、E－5はリッチモンド（バージニア）、F－6はアトランタ（ジョージア）、G－7はシカゴ（イリノイ）、H－8はセントルイス（ミズーリ）、I－9はミネアポリス（ミネソタ）、J－10はカンザスシティ（ミズーリ）、K－11はダラス（テキサス）、L－12はサンフランシスコ（カリフォルニア）となっています。（※著者注：（　）内は連邦準備銀行区）

米ドルには記号と8桁の数字の連続番号が印刷されていますが、連続番号の頭にあるアルファベットの文字は連邦準備銀行の象徴文字ですから、記番号の頭の文字と象徴番号の組み合わせが違えば、それはニセ札です。象徴文字は誰にもわかるように肖像の左の銀行印の中に大きな文字で印刷されています。

一九八九年にフィリピンで北朝鮮の高官が使ったといわれているニセ100ドル札は、極めて精巧ということで「スーパーノート」と名づけられていますが、それでも真券との違いがあって、著者が鑑定した複数のスーパーノートでは、裏面の数字の「0」の一部が直線的であり、図柄の一部も違っていて、真券にはない線が加わっていました（図5）。

スーパーノートに手を焼いたのではないでしょうが、近年の100ドル紙幣はさまざまな偽造防止策を取り入れています。

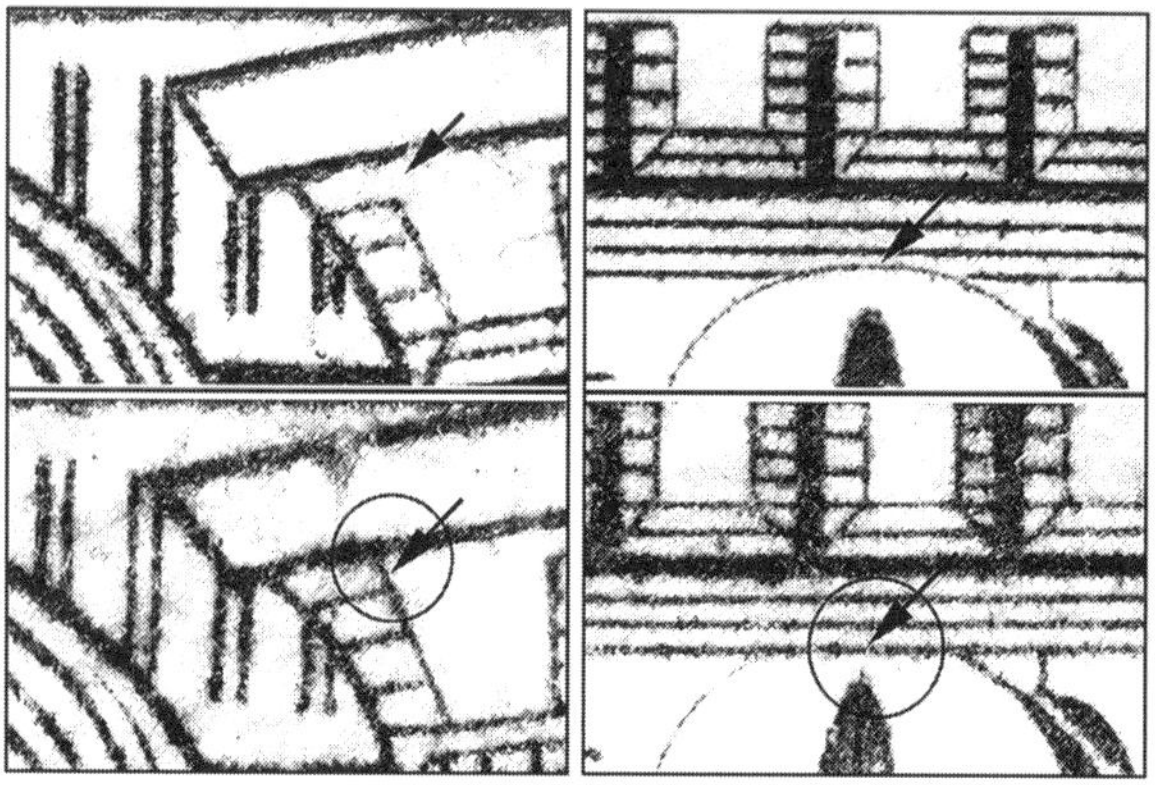

図5　真券と「スーパーノート」の裏面（矢印部分が相違点）
上：100ドル札真券の裏面
下：スーパーノートの裏面（左：過剰画線・右：欠損）

いままでのものとの大きな違いは、肖像のスカシを採用したことで、表面の右に印刷がないすき入れ部が設けられ、そこには、肖像と同じ人物の顔写真が黒スキと白スキですき入れされています。

用紙に織り込まれている青と赤の細かな繊維は従来からありましたが、新しく取り入れられたものには、二つのカラーシフティングがあります。

一つは表面の右下にある「100」の文字で、札を傾けると色が変わって見えます。もう一つは、肖像の右下にあるインク瓶の画像で、こちらは札が傾くのに従って瓶の色が変わり、同時に瓶の形が上下に大きく変化します。

肖像の右には幅の広いセキュリティリボンがあって、角度を変えると、リボンの中の「100」の数字が動くように見えます。

変わっているのは赤外線や紫外線に対する反応で、裏面に赤外線を当てると、右にある「100」の数字が消えてなくなります。

また、裏面の左では平行する二本の幅の広い帯によって地紋が見えなくなりますが、この部分には赤外線透過性のインキが使われているのでしょう。

紫外線を当てると表面の肖像の左にピンク色の蛍光ラインが現れます。紫外線では赤色のセキュリティスレッドも現れます。これは日本銀行券の「総裁之印」と同じ原理です。

すき入れ模様のある白抜き部分の周辺には「100USA」のマイクロ文字が地紋と同じ色で目立たぬように連続して印刷されていますが、マイクロ文字はほかにもあって、表の大きな羽根模様の縁には「THE UNITED OF AMERICA」、肖像の襟には「ONE HUNDRED USA」などのマイクロ文字が連続して印刷されています。

話が脇にそれますが、ワシントンの印刷局にはギフトショップがあって、そこでは、印刷された裁断前の大判紙を買うことができます。

記番号も印刷されていて切り離せば使うことのできる代物です。

一九八八年に著者が土産に買ってきたときには、1ドル紙幣32枚（縦8枚、横4列）が印刷されている大判紙1枚が40ドルで、大きな段ボールの箱に入っていましたが、現在は60ドル以上になっているそうです。中身は同じでも、値上がりは生産コストの影響でしょうか。

ＦＢＩ職員のジミーが来日したとき、土産に持ってきてくれたのは2ドル札が縦に4枚並んでいるものでしたが、これはライフなどの雑誌に挟んで持ち歩けるので、人気があるそうです。

ギフトショップには、１ドルから１００ドルまでの真券を細かく切り刻んでビニールの袋に詰めたものも売っています。おおかた印刷ミスや汚れができた不良品を使っているのでしょうが、日本では考えられないことで、印刷局の商売上手に感心させられます。

第四章 戦中戦後を代表する贋金事件

一 まかり通る戦後の私鋳銭

ニセモノの硬貨が江戸時代の昔も今も変わらないといえるのは、第二次世界大戦後の偽造硬貨の90％以上が鋳物だからです。

孔なしの五十円硬貨が発行されたのは一九五五（昭和三〇）年六月二〇日でしたが、二年後の一九五七（昭和三二）年一一月には、鳥取県でこの貨幣の偽造事件が起きています。

犯人の小池は本物の五十円硬貨を使って鋳型をつくり、ハンダを流し込んでニセの五十円硬貨を150枚ほど偽造していましたが、ほどなく捕らえられています。

一九五八（昭和三三）年の九月には滋賀県でもニセ五十円硬貨事件があって、犯人の湯川は板金で金型をつくって、五十円硬貨を300枚余り偽造していましたが、210枚を使ったところで捕らえられています。

一九六二（昭和三七）年の七月に福岡県で起こった偽造硬貨事件でも、犯人の森下は板金の鋳型から52枚のニセ五十円硬貨を鋳造していましたが、わずか18枚を使っただけで数日後に逮捕されています。

偽造硬貨の鋳型には特別な製法があるわけではないから、犯人たちが試行錯誤で独自の鋳型をつくって、鋳造方法を工夫していますが、元早稲田大学鋳物研究所長の雄谷重夫先生は、「マニュアルもないのによくやるね。鋳造方法はどこで覚えたのだろう」といっています。

一九六四（昭和三九）年の四月、広島を中心に瀬戸内海を囲む一帯で起こったニセ五十円事件では、岡山、山口、愛媛と使われる場所が広がっていましたが、鋳込み口をわからなくする方法や、貨幣に現れた特徴が、以前に鳥取で逮捕された小池のものと同じでした。

捜査の目は当然、かつての犯人小池に向けられ、「またやったか」と疑われましたが、なんと、当の小池はまだ鳥取刑務所に服役中でした。だが、聞き込みによって、小池が河村に貨幣の偽造方法を教えていたことがわかったため、捜査は河村を追うことになり、五月に入って間もなく河村を逮捕しています。

河村は、服役中に小池から教えられた方法で鋳型をつくって、70余枚のニセの五十円と百円の硬貨を鋳造していたのですから、特徴が同じにならないはずはありません。贋金づくりを学んで出所し、ニセの硬貨を使って旅をしていた河村でしたが、一年もたたないうちに古巣の刑務所に舞い戻っています。

戦後の貨幣偽造事件をみると、鋳型の違いこそあれ、どれも鋳造ですから、手口からいえば、千年昔の私鋳銭づくりと大きく変わらないといえるでしょう。

世の中の技術の進歩にともなって、贋金の犯罪も巧妙化しているといわれますが、ニセモノの硬貨にかぎっては、〝千年一日〟で、変わっていません。

違っているのは、皇朝銭時代の私鋳銭は素材が銅でしたが、今日の偽造硬貨は申し合わせたように鉛合金が素材で、ほかの金属を使ったものはまったくありません。材料が身近にあるのと、熔けやすく色が真貨に似ているためでしょうが、明治以前の贋金が銅貨であったことを考えると、素材にかぎっては昔のほうが上手だったようです。

もっとも、皇朝銭は真貨が銅だったから、贋金も銅を使わねばならなかったのでしょうが、鉛合金より融点が高い銅を使っていることを考えると、やっぱり、私鋳銭の技術のほうが上だったかもしれません。

二　ヨーロッパで偽造された東京オリンピックの記念硬貨

一九七二（昭和四七）年八月、ICPOドイツ国家中央事務局から警察庁国際刑事課のICPO事務局にコインの鑑定依頼がありました。

『マイエル・ハインツ・ルカス、一九四三年一〇月一八日ウィーン生まれ、一九七二年七月三〇日、ウィーンで逮捕。同人が一九七二年六月二日及び六月二二日に、フランクフルトの二軒のドイツ人貨幣業者に売り渡したフィンランドの500マルッカ硬貨とパナマ20マルボア硬貨はいずれも偽造として押収された。二軒の貨幣業者には、日本の千円硬貨がそれぞれ1000枚ずつ売り渡されたが、偽造の疑いがあるため押収した。ドイツ警察では鑑定できないので、千円硬貨3枚を送って鑑定をお願いする。一九七二年八月九日、ICPOドイツ国家中央事務局』の依頼ですが、ドイツから送られてきたニセ硬貨は、昭和三九年発行の東京オリンピックの記念千円銀貨でした。

しかし、このニセ硬貨はこれまでのニセ硬貨とは様子が違っています。厚さや大きさ、重さは真貨と同じといえるほどで、これがニセかと思わせるほどよくできています。真貨と比べてみても、厚さが0・05ミリ、大きさが0・2ミリ、重さが0・25グラムの違いでしかありません。

硬貨にキズをつけないために、蛍光X線分析やX線回折などを使って分析してみると、材質は銀と銅で、その配合比は、真貨の銀925、銅75とほとんど同じです。表裏面の模様や周囲のギザギザにいたってはニセモノとはいえない代物です。周りにいた人たちも、これがニセですかというほどで、テーブルの上に落としてみると、ガラス板に当たったときの甲高い金属音は真価と同じとしかいえません。

顕微鏡で見ると表の桜の花びらと裏の「年」字に鋳型のキズによると思われるものがわずかにありましたが、鋳物らしいだけで偽造と決めるのはいかにもお粗末です。科学的に合理性のある結果は得られないだろうか。鋳造であれば、それなりの特徴があるはずだと考え、X線マイクロアナライザーを使って電子顕微鏡像（二次電子像）の観察を試みたら、ありました。

模様の隅にデンドライト（鋳物が冷えるときにできる樹枝状結晶）があります。これを捉えれば硬貨が鋳物であることが決定的になります。本音がヤレヤレだったのはいうまでもありません（図6）。

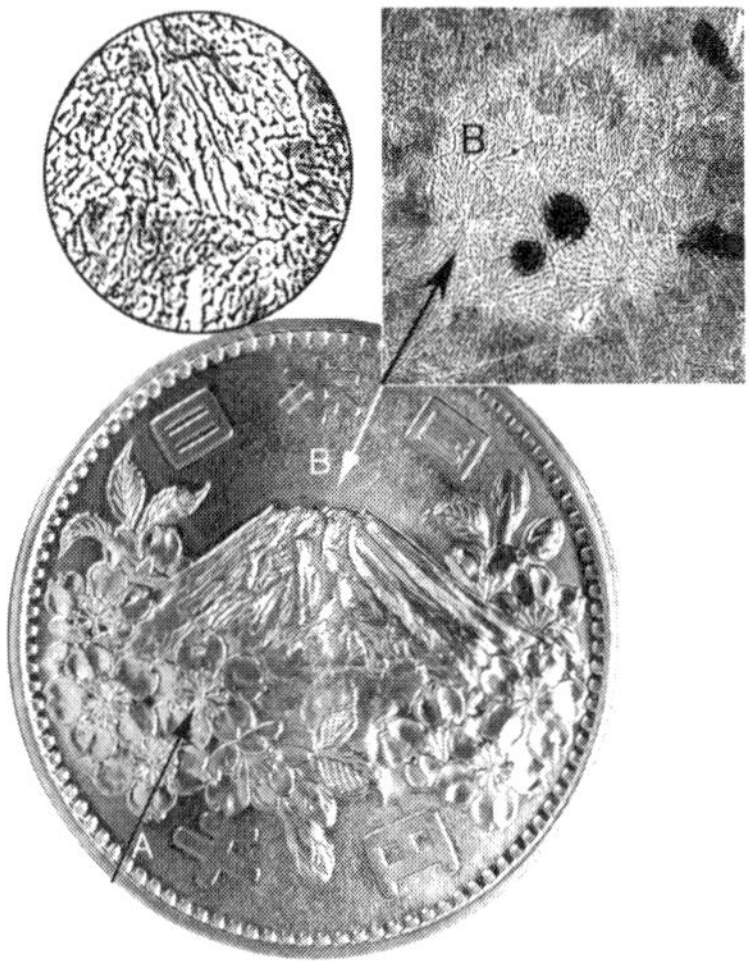

図6　ドイツICPOから鑑定を依頼された東京オリンピックの偽造千円記念硬貨
貨幣内のA：鋳型のキズ・B：デンドライトの位置
右上写真のB：デンドライト（樹枝状結晶の全景）
左上円内：電子顕微鏡写真（×2000）

本物の記念硬貨はプレス加工で、硬貨の面に特殊な方法で艶出しをしていますから、真正硬貨には艶出しで生じた擦過痕がありますが、ドイツのニセ硬貨にはそれがありません。

デンドライトを倍率二千倍の電子顕微鏡写真に撮影して真貨の電子顕微鏡写真と並べ、真貨の表面にある艶出しの際の擦過痕と、ニセ硬貨の鋳型の欠陥と見られる状態も写真で示して、『鋳造によって作製された鋳物の偽造貨幣と認める』を鑑定結果としています。

世の中には、ニセモノづくりの専門家がいるといわれますが、このニセ硬貨は偽造のプロの作品としかいえないでしょう。

ドイツからの鑑定依頼があったほぼ一年後の一九七三（昭和四八）年八月一五日、今度はＩＣＰＯイタリア国家中央事務局から警察庁のＩＣＰＯ事務局を通じて前と同じような鑑定依頼がありました。

国際刑事課では「今度はイタリアからです」といって、鑑定資料を転送してきました。

『オベルマイエル・ウイルヘルム、一九四七年四月二日、ババリア地方シュナイツィー生まれは、一九七二年七月二〇日、トレント州ロベルト市サンジョバンニ・ボスコ街二八のリギルッジェロ方に、フィンランド、パナマ、日本の貨幣及び5ドイツマルクを売りたいと申し出た。この貨幣は偽造の疑いがあるので、それぞれの国に貨幣1枚を送る。鑑定結果の書類と情報の提供をお願いしたい。一九七三年六月一三日、ICPOイタリア国家中央事務局長』

送られてきたのはドイツと同じ、昭和三九年発行の東京オリンピック記念千円銀貨のニセ硬貨でした。

このイタリアから依頼の偽造硬貨は、大きさや重さなどがドイツのものとほとんど同じで、外観検査や顕微鏡検査でも前のと同じと判断されましたが、そうであれば、やはりどこかにデンドライトがあるはずです。

だが、デンドライトはそれぞれの鋳造ごとにできる結晶ですから、鋳込みのたびに変わっていて、まったく同じものなどあり得ません。それどころか、デンドライトがあるだろうかの心配のほうが先に立っていました。

前にならって、X線マイクロアナライザーで硬貨の表面を隅から隅まで丁寧に見ましたが、デンドライトどころか、それらしい痕跡もありません。

期待をかけて裏面の検査に入ったら、ありました。

裏面のオリンピックマークの脇に結晶を見つけました。ドイツのときはデンドライトが表面にあったのに、今度のデンドライトは硬貨の裏面です。鋳型が違うのでしょう。1000枚ものニセ硬貨が売られているのだから、大量生産のために多数の鋳型がつくられているようです。

あとはドイツの鑑定書にならって合理性のある鑑定書を書くだけになりました。

わが国でも、昭和天皇在位六十年の金貨の偽造が出回って、世間を騒がせたことがありましたが、これも希少価値で一攫千金をねらったたぐいのものでしょう。使うことが目的の贋金と違って、実に巧妙といえるものでした。

模造品を手掛ける専門家によるものでしょうか。

希少価値を狙った偽造硬貨は、どれも、一見、本物と同じといえるほどの出来栄えで、鉛合金を使うニセ硬貨と違って、素材にも本物と同じ金属が使われていますから、硬貨偽造のプロがいるというのも噂ばかりではなさそうです。

ですが、このような希少価値を狙った偽造硬貨にまんまと騙されるのは、買い手にも欲があるからでしょう。

希少価値を狙った偽造硬貨はほかにもあって、日本の古い時代の貿易銀貨だから貴重だといわれ、台湾で買ってきたという観光客が持っていた硬貨もニセモノでした。

硬貨にかぎったことではありませんが、うまい話には乗らないほうが無難なようです。

三　絵筆で描かれたニセ札

科学捜査研究所の資料展示室には、事件現場から集められた証拠品が法医、化学、物理、工学などのようにセクション別に陳列されていて、文書に関しては、脅迫文書や領収書の偽造印影などとともに偽造通貨が展示されていました。

一円から百円までのニセ札が大きな額の中に並べられていましたが、武内宿祢が肖像の二十円、岩倉具視の五百円、聖徳太子の千円の3枚だけは別の額に入っていました。

この3枚は、どれも犯人が描いた絵のニセ札だったからでしょう。千円と五百円は細筆とペンを使った線画で、二十円は水彩画と線画を合わせて描かれたものでした（図7）。

図7　線画で偽造された五百円日本銀行券

描くのが大変だったでしょうが、これでは犯人を捕らえても、筆とインクだけで、通貨偽造の証拠になるものがないことになりそうです。

ニセ札は印刷偽造ばかりではない、の見本として展示されていたようですが、これを描いた本人には、どのような目的があったのでしょう。

一九八〇（昭和五五）年四月、科学警察研究所の機構改革があって資料展示室が廃止になりましたが、贋金類は部外に出せないからとのことで、すべてが抹消されています。

ニセ札は中庭に大きな穴を掘ってその中で焼却処分し、硬貨は実験用の電気炉を使って鋳つぶしましたが、作業に当たった資料課の事務官は、ニセ札の燃えくずが空に舞い上がるので苦労したと嘆いていました。

ここには石版印刷版の現物もありましたが、これも粉々に破壊されています。

二度と手に入れることのできない、贋金の歴史を語る証拠品は、このときを最後にこの世から消え去ってしまいました。

四　支那事変と帝国陸軍のニセ札作戦

贋金史の一つに、支那事変のときに行われた日本陸軍のニセ札作戦があります。

東京工芸大学同窓会の「首都圏だより」の中から、高松繁（本名・高柳茂）氏著の『秘録・太平洋戦争　私は帝国陸軍で偽造紙幣を造った』を拝見してみましょう。

書き出しには、「戸山カ原の南端、いまの地番でいえば新宿区百人町4丁目に、当時赤レンガ二階建てのしゃれた建物を含めていく棟かの建物が並んでいた」とありますが、赤レンガ建てのしゃれた建物は、通称〝科研〟と呼ばれた陸軍科学研究所で、内部の人が科研というときはその裏に、謀略、諜報器材の研究という意味があったそうです。その構内にあって周りを板塀で囲まれた木造平屋建ての洋館は出入りが厳重で、科研の研究員でさえ何の研究をしているのかわからなかったといいます。

高松氏はこの研究室への転属を命ぜられたそうですが、そこで班長の篠田中佐からいわれたのは、「ここは偽造紙幣印刷研究室だ。貴官の任務は、中華民国の十元法幣を作ることだ。専門家にも絶対に見破られぬほど精巧なものが要求される。任務については、絶対に他言禁止」で、篠田中佐から偽造する十元法幣の真新しい真券を見せられたそうです。

高松氏はこの十元法幣について、

「表面右に孫文の肖像、左は空いていて、そこに北京天壇のすかし模様が漉き込んである。中央の下模様は淡い六色の小さな菱形で、モザイクに構成した地紋、その上に凹版で十元と金額がある。肖像と金額の間には、美しい何色かの短い細い糸屑状の線が帯状にぼうっと漉き込まれている。そのほかは日本の紙幣などとほぼ同じ構成であったが、これは紙幣としてはすばらしく立派なものであった。裏面は濃緑色の全凹版刷りで、右に上海の高層ビルをあしらった風景画、そしてその下に『英国トマス印刷』と小さく刷られている。なるほどよくできているわけであった。技術のない中国は、紙幣の印刷を英国に依頼していたのだ。当時英国の印刷技術は、日本とはケタちがいにすぐれていた。したがって、この十元法幣と寸分ちがわぬ偽造紙幣を造るということは、とりもなおさず優秀な英国の技術への挑戦であった。印刷の知識をもっているだけに、それがどれほどむずかしい仕事であるか、私にはよくわかった」

と語っています。

この研究に携わったのは高松氏のほかに、内務省印刷局滝野川工場の印刷研究所から派遣された主任技師の川田氏と山内氏だったといいますが、これは写真と印刷の専門家の集まりといえるでしょう。

偽造方法について三人が相談したのは、写真の複写を利用する腐食製版だったようで、「まず法幣から正確な写真をとり、それを畳一畳ぐらいの印画紙に引き伸ばして焼きつける。焼きつけたものを台の上におき、もとの法幣をルーペで拡大して見ながら、耐水インクで克明になぞっていくのだ。これをやってみれば、一枚の紙幣がどれほど多くの線から成り立っているかがいやになるほどよくわかる。台の上の大きな紙が、いつになったら全部うまるのかと、気の遠くなるような思いがした。大変な根気と緊張…。（中略）ニセ札づくりというのは、なまじの人間にはできない苛酷な仕事である。やっと終ったところで、今度は還元液につける。すると写真は消えて、描いたものだけが残るという寸法だ。こうしてでき上がった原図を再び写真に撮り、今度はもとの大きさにまで縮小する。細かい繊維を漉き込んだうえにスカシを入れた英国製の紙幣用の紙とおなじものを、われわれは印刷局の抄紙工場に依頼して作ってもらった。手刷りではじめての紙幣が出来上がった。まだ不完全ではあったけれど紙はいいし、工程も写真製版としては本格的なプロセスを踏んでいる。素人の目からはほとんど区別できないくらいに仕上がっていた」

と、高松氏の話は続きます。

三人は試作したニセ札について、手ざわりや蛍光試験を行って本モノとの違いを確認した後、不満を残したまま篠田中佐に報告したそうですが、参謀本部の評価は高く、「すぐ大量生産にかかれ」の命令があったそうです。

一九三九（昭和一四）年に篠田班は独立して神奈川県の陸軍登戸研究所に移転し、篠田中佐は大佐に昇進して所長になっています。

登戸研究所は一科が電気器械、二科が謀略器材・化学、三科が印刷に分かれていて、三科の一部、偽造印刷班は彫金師や肖像画家を含む10数人のスタッフで構成され、設備も充実して抄紙《しょうし》工場まで持っていたといいます。

その後、登戸研究所の贋金部門は、製紙関係五〇人、印刷関係二〇〇人の大所帯にエスカレートし、昭和一四年から終戦を迎えるまでに偽造したニセ札は、四〇億元から四五億元ほどだったといわれます。

出来上がったニセ札は上海にあった陸軍の諜報機関の「松機関」に送られ、二五億元ほどが物資の買い付けに使われていたそうです。

ゲシュタポの手で実行され、指揮官クルーガー少佐の名をとってベンハルト・オペレーションと呼ばれたナチス・ドイツの英ポンド紙幣の偽造作戦は、約900万枚、1億5000万ポンドのニセ札を印刷して、ヨーロッパの各国で物資の買い付けをしていたことで有名ですが、国家的規模のニセ札謀略作戦がわが国にもあったのは、あまり知られていないことでしょう。

高松氏は最後に、出来上がった印刷版の隅に内緒で、自分のイニシャルである「S・T」を刻み込んだといっていますが、今となっては、その思い出深いS・Tが入った自作のニセ中国元の札を手にしてみたいともいっています。

ニセ札とはいえ、苦労を重ねてつくり上げたものであれば、やはり懐かしい思いがあるのでしょう。

五　ニセドルに寄り切られたニセ日本円

東京オリンピックが近づいた一九六四（昭和三九）年の春先、警視庁刑事部捜査三課のニセ札捜査のベテラン古市警部は、「先生、ニセドルの見分け方のポイントはどこですか。スカシがないのは痛いですね」といってきました。

古市警部は、オリンピックはニセ札犯人の暗躍の場となるだろう、国際偽造団が乗り込んでくるかもしれないと心配していたようです。

米ドルに関してはＩＣＰＯ（国際刑事警察機構）発行の解説書があり、アメリカ財務省シークレットサービス刊行のニセドル鑑識の手引があって、それらを参考に鑑定が行われていましたが、それは、今までにニセドルの鑑定が数回でしかなかったからです。

一九四七（昭和二二）年の戦後初のニセ札事件からのニセ札の発見数を追ってみる

と、百円が480余枚、千円が150余枚、昭和三〇年代では千円が390余枚ですが、その間のニセドルの発見はたった18枚だけでしかなく、それも、自然に流れ込んだとみられる散発的なものでした。

ICPOの偽造通貨情報やアメリカの月刊誌カウンターフェイト・デテクターには、世界の各地で使われている膨大な数のニセドルが紹介されています。

古市警部は、日本人はドルに不慣れだから発見が遅れるだろうといっていましたが、警部の心配をよそに、東京オリンピックでは、ニセドルは1枚も使われていません。

しかし、昭和四〇年代に入ると、一九六八（昭和四三）年一一月に都内のホテルでニセ20ドル札が10枚発見されたのにはじまり、国内の各地で同じニセ20ドルが30枚以上も発見されています。その後も、東京、横浜、名古屋、大阪、神戸、福岡、沖縄などでニセ20ドルが頻繁に使われていて、昭和四〇年代の後半から五〇年代の前半にかけては「ニセドルのうなぎ登り」とまでいわれたように、ニセドル事件が急増し、昭和四〇年代の後半には664枚、五〇年代には前半だけで1430枚のニセ20ドルが見つかっています。

こうなったら、今までのようにICPOやシークレットサービスの解説書が頼りの鑑定はやっていられません。

在日アメリカ大使館の法務官に「アメリカドルの見本はないか」と尋ねたら、「日本銀行で真券をお買い求めください」と、つれない返事が返ってきました。

真正ドル券を日本銀行で買わねばならないことになりましたが、そこには役所にありがちの大きな壁があります。

米ドルを買うためには現金が必要ですが、役所ではまず、手持ちの予算を現金に換えなければなりません。米ドルと日本円は毎日レートが変わっていますから一日で決済を終えて予算を現金化して米ドルを買わねばならないことになります。

さて、どうしたらよいか？

迷っていたら、総務課の上野滋警視が、俺がやってやるといってドルの購入を買って出てくれました。

上野警視は書類をつくって研究所をはじめ、警察庁に幾つもある決済のハードルを持ち回りで乗り越えるといいます。

日銀に行ってからも予算を現金化する手続きやドルを購入する手続きがありますが、上野警視はこれを一日でこなすと意気込んでいました。

お任せするしかありません。

その日のレートを確かめて動き出した上野警視は、昼メシ抜きで決済に飛び回ったといいますが、午後の三時過ぎには買ったばかりのアメリカドルを手にして帰ってきました。

決済のハードルを越え、予算からの換金、購入を丸一日で済ませて上野警視が手にしてきた100ドル、50ドル、20ドル、10ドルの米ドルは国の予算で購入したものですので、他の備品と同様に、科学警察研究所の備品として文書研究室に保管されました。

上野さんには「シワのないピン札が欲しい」など、日本銀行での苦労もあったようですが、このときから科警研でも真券との比較による鑑定が行われています。

昭和四〇年代の後半から昭和五〇年代に入るまでは20ドルが主で、それまでは年に10数枚の発見でしかなかったニセ100ドルですが、一九七八（昭和五三）年に入るとニセ100ドルは一挙に263枚に増え、それを境に、それまで主流だったニセ20

ドルは、首位の座を100ドルに明け渡しています。

今日では、ニセドルといえば100ドルが当たり前になっていて、市中の免税店やホテル、国際空港などで大量に見つかっており、なかにはニセ札鑑別機を通り抜けるものもあります。

一方、日本銀行券はというと、昭和四〇年代以後は、それまでのニセ千円札に代わってニセ一万円札が主役となりましたが、その数は急激に減少していて、ニセドルが「うなぎ登り現象」といわれた、昭和四〇年代の後半から五〇年代の前半にかけての日本銀行券のニセ札は、ニセドルの12%程度が見つかっているに過ぎません。

しかも、ニセドルが年々精巧になってきているのに反して、ニセの日本銀行券にはコピー偽造などもあって、日本円のニセ札は年とともに粗悪化の一歩をたどってきています。

ニセ札が出回る世の中は喜ばしいことではありませんが、今や日本の国内では、円のニセ札はニセドルに寄り切られたといえるでしょう。

観点を変えれば、日本銀行券の超高度の印刷技術が偽造犯罪を押し倒したといったほうがよいかもしれません。

第五章

贋金を取り巻くトピックス

一　ニセ札事件で生まれた札が使える自動販売機

「千―三七号」のニセ千円札が世間を騒がせていたころ、浅草にあるもんじゃ焼き屋の女将さんが野菜を仕入れに行って千円札を出したら、八百屋の旦那が「これはニセ札だ」といって特徴を教えてくれたそうです。

この女将さん、ニセ札ならと警察に届けましたが、警察に届けたら千円の損になると嘆いていたといわれます。

ニセ札を警察に届けると損になるのでは、疑いのある札を見つけても届ける人がいなくなるだろう。早期発見が空回りになりかねない。

当時、捜査の中心にいた警察庁の友延警部（後の警視庁防犯部長）は、ニセ札を届け出た人が損をしないようにと考え、ニセ札と交換した真券の千円とは別に、捜査協力費の名目でわずかでも現金を上乗せする案を出していました。

このことが記者に知られて報道されたとたんに、われもわれもと届け出が相次ぎましたが、どれも真券で、ニセ札などはありませんでした。

寸法が少し短いや汚れていてインキの色が違うなどばかりで、音を上げたのは警察署の窓口担当者でした。

「届け出に来た人が自分で確かめられる鑑別器がほしい」が、警察署から科警研への宿題となってしまいました。

日本銀行には「損傷日本銀行券引換規程」というのがあって、火事などで灰になってしまった札でも、図柄で銀行券と確かめられれば引き換えに応ずるとあります。

日銀券には焼けてしまっても何かが残るように工夫されているのであろう、あるとすればインキでしかない。

X線回折で真券を調べてみたら、どの日銀券からも酸化鉄が検出されましたが、保存してある歴代の偽造券には、酸化鉄が検出されるものはありません。

科警研の顧問で印刷学会長の伊東先生にお尋ねしたら、「インキにそのようなものが入っていたら版面が痛むから、インキには不純物になるようなものは含まれていない」とのお答えをいただきました。

印刷局の研究所を訪ねて酸化鉄のことを尋ねたら、「素材についてはいっさいお答えできませんが、おわかりでしたか」と返ってきました。

口には出せないのでしょうが、「イエス」と取れる返事です。

これを手がかりにしようと考え、科警研の交通部と共同研究をしていた立石電機の研究者に協力を依頼したら、早くも翌日、立石電機中央研究所長の山本さんが訪ねて来られました。

非破壊で酸化鉄を検出できないかと尋ねたら、「当社でもお札の識別方法は考えていますが、図柄を対象にしていたので、改めて検討させていただきます」といって帰られました。

数週間後、山本さんが現れて、「酸化鉄の検出はできませんでしたが、鉄分の検知はこれでできそうです」といって、試作したという平衡トランスなるものを見せてくれました。

「トランスの隙間に紙幣を入れると鉄分を感知してメーターが振れる仕組みです。千円券ではどれも針が振れましたが、ほかの紙では反応がありませんでした」といいます。

早速、研究所に保管されている昔からのニセ札で試してみると、針が振れるものはありません。

これはいけそうだ、「よし、これでいこう」が、著者と山本所長の共通の考えとなりました。

しばらくたって、山本所長から「実験用の装置ができました」と電話があって、京都長岡の立石電機中央研究所を訪れたら、そこには立石一真社長も来ていて、「これはすばらしい発想ですな、札のインキが鉄分を含んでいるなど、磁気のことなどまったく考えてもみなかったことですが、よく発見されましたな」といいます。

そうか、インキに鉄分が含まれているなど、普通の人では考えないことであろう。

立石電機の研究所では図柄の特徴を追っていたのだそうです。

社長から、ご意見はありませんかと尋ねられ、

「装置の一方から札を入れると、真券は装置を通過して反対の口から出ますが、ニセ札は受け付けられないで挿入口に押し戻されるという案はいかがでしょう。装置がニセ札を押し返す方法ですが、これなら識別の手間がいらないし、警察署のカウンター

に置けば誰にでも使えるでしょう」と私案を話してみました。

黙って聞いていた立石社長は、「それはいい案だ、ぜひやりましょう」といわれましたが、研究所長の山本さんの答えは、「札の移動方法と、移動中の検査方法や戻すための逆送りを考えねばならないので、少し時間をください」でした。と、すかさず、「やるからには完璧なものにしなさい」と、立石社長の一声がありました。

こうして出来上がったのが、机の上に置けるニセ札鑑別器です。

年が明けて間もなく、立石社長から手紙が届きましたが、封を切って最初に目に入ったのは新聞の切り抜きでした。そこには、

『京都の大丸百貨店にお札が使える自動券売機が登場』

の大見出しがあって、自動券売機の写真が載っていました。

立石社長は秘かに、札が使える自動販売機の案を温めていたのでしょう。最初に会ったとき山本所長が、当社では図柄からの識別を考えていますといっていたのは、立石社長の腹案があったからかもしれません。

ニセ札を識別するために進めてきた研究でしたが、一方は捜査のためのニセ札識別

器、他の一方は同じシステムを使った札が使える自動販売機となってこの世に現れています。

最初の一台は、品物を売ったときのトラブルを考えて、損失を避けるために食券販売機にしたのだそうです。

官と産が共同で開発したこのシステムがはじめとなって、札の鑑別機能を備えた自動販売機が急テンポで開発されて普及し、今日に至っているのを知る人は少ないでしょう。

二　ＮＨＫ「歴史への招待」藤田組事件のニセ札分析

日本銀行が保管している「藤田組贋札事件」のニセ札12枚、事件の解決から一〇〇年近くも経って、ＮＨＫからの依頼でこのニセ札を分析することになりました。

ＮＨＫのテレビ番組「歴史への招待」の企画です。

ＮＨＫのプロデューサーが日銀から借りてきて、机の上に並べた明治三大疑獄の一つといわれる「藤田組贋札事件」のニセ二円札12枚は少々古びていましたが、明治の初期に真券の印刷をドイツに注文していたことを考えれば、この新紙幣のニセ札は、当時の世間を欺くのに十分だったでしょう。

図柄の鳳凰や竜の尻尾の先、桐の紋様などの図柄は本物と少々違っていますが、真券とニセ札の模様や細かな文字に違いがあるのは、ニセ札にありがちなことで、昔も今も変わりありません。

12枚のニセ札は模様の違いから三つのグループに分かれましたが、これは印刷版が三種類あることを示しています。出来栄えに満足しないで、版をつくり直したのでしょうか、それともニセ札の大量生産を企ててのことでしょうか。

顕微鏡で見ると、真札の印刷画線はインキが縁に押し出された隈取り（マージナルゾーン）のある凸版印刷ですが、12枚のニセ札は黒い線のインキが盛り上がっていて、凹版印刷です。

凸版より手間がかかる凹版を使ったのは何故でしょう。

犯人の熊坂長庵は明治一〇年の第一回勧業博覧会に銅版画を出品していたといいますから、手慣れた銅版作業を選んだのでしょうか。

ニセ札の紙はどうでしょう。プロデューサーは、日銀から、札にキズをつけないようにといわれているそうですが、ニセ札の鑑定では証拠品にキズをつけないように検査をするのは当然で、X線回折という機器分析を常法としています。

分析チャートに描かれた波形をみると、真札はセルロース（繊維素）のピークだけですが、熊坂のニセ札にはセルロースのほかにカオリン（顔料の一種）のピークもあります。

ドイツ製でも新紙幣には和紙が使われているのに、ニセ札は填料《てんりょう》を含むどこにでもある紙でしかありません。

ドイツ生まれのゲルマン紙幣では「明治通宝」の文字や契印、番号は紙幣寮（印刷局の前身）が描き入れていたといいますが、インキはどうでしょう。

低電圧で長波長のソフトX線を使って透視検査を行えば、インキの違いがX線写真に現れるでしょう。

結果を見たら、真券の契印や印影はX線を吸収していて、印影などの画像がフィルムに写っていますが、ニセ札のインキにはX線の吸収がほとんどなく、フィルムは黒くなっているだけです。インキにも違いがあることが明らかになりました（図8）。

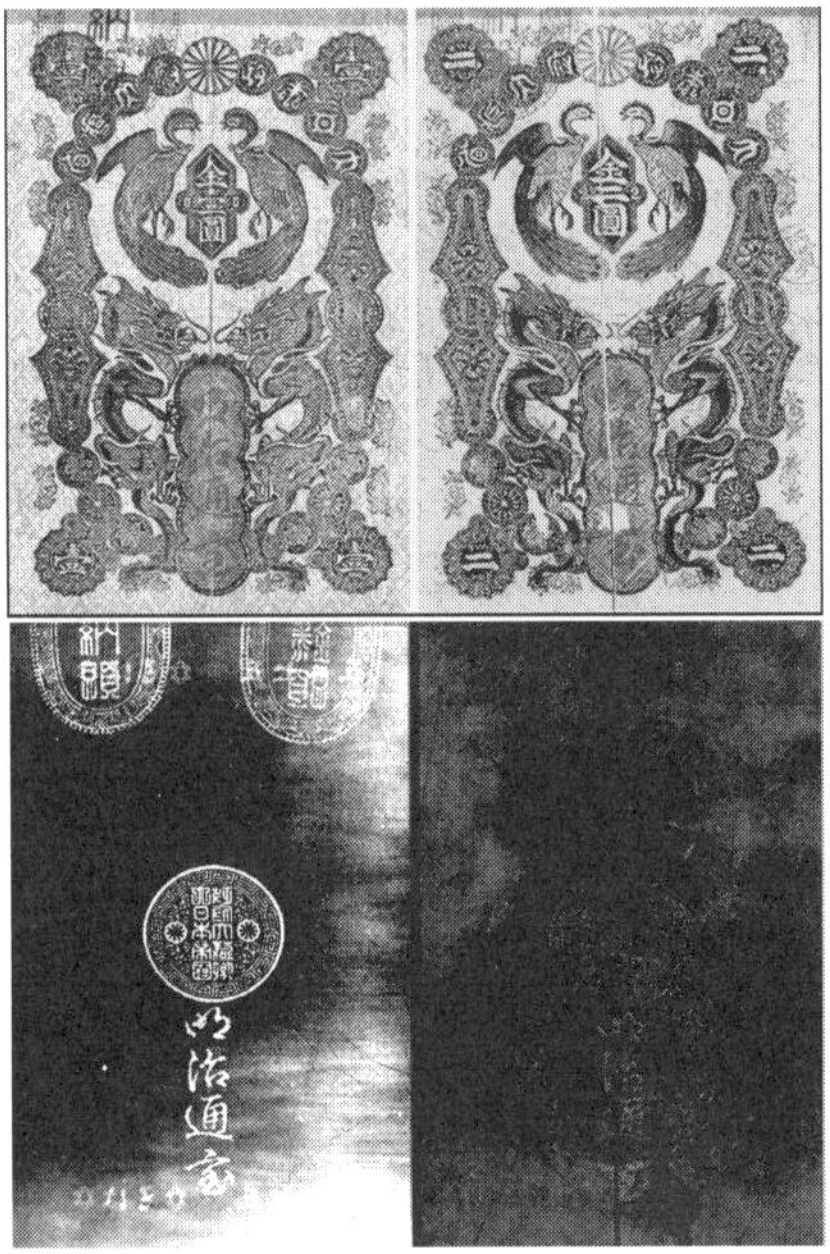

図8　「藤田組贋札事件」の明治の新紙幣（ゲルマン紙幣）
上：新紙幣の表面（左：真券・右：熊坂長庵のニセ札）
下：X線写真フィルム（左の真券にはX線の吸収がある）
（右のニセ札はX線を透過）

熊坂のニセ札は、図柄はもとより、紙もインキも印刷版式も真券と違っていましたが、検査結果は細かいところまで、すべてが番組の中で放映されています。ニセ札にも歴史があることを知ったひとときでした。

三　ニセ札づくりの損得勘定

「ニセ札は儲かるか?」は、ニセ札事件が起こるたび話題となりますが、事実はどうでしょう。「ニセガネづくりは儲からない」は、過去の贋金事件が明らかにしていますが、犯人たちは知ってか知らずか、贋金事件は後を絶ちません。

一九五〇(昭和二五)年九月二一日、偽造十円札4枚が函館市内で使われました。月が替わって一〇月五日には青森で同じ記番号の偽造券20枚が使われていて、その後も毎日のように10数枚のニセ札が使われていましたが、一〇月一三日に印刷所の画工だった川崎を主犯とする一味六人がつぎつぎに捕まっています。

さて、収支はというと、一味は、当時としては大金だった七万円を元手に、印刷機や偽造用具を買い入れ、12万枚ものニセ札を偽造していましたが、そのうちの380枚、金額にして三八〇〇〇円を使っただけで、一か月後には全員が逮捕されています。差し引き六万六二〇〇〇円の損失、元手の一割も使わないうちの廃業は、儲けどころの話ではないでしょう。

同じ昭和二五年三月、山梨県では元小学校校長と元陸軍少佐を主犯とする総勢二二名の偽造団が、ブドウを栽培するためと偽って一六〇万円もの資金を集めてニセ札づくりを始め、翌二六年三月までに1万2000枚のニセ千円札をつくり上げています。一味は手分けをして、関東、東海、京阪神などの一都一一府県で130枚、金額にして一三万円を使いましたが、数か月後に一網打尽となっています。

損失一四七万円、資金一六〇万円の一割にも満たない額を手にしただけでしかありません。京阪神にまで足を延ばして使っているから、その運賃を差し引けば、資金の回収率はさらに悪くなるでしょう。

資金の一六〇万円はウソで集めたものだから、こちらは別の詐欺事件になります。

このニセ札事件は、儲けの代わりに、一審で懲役一五年、控訴審でも懲役一〇年を言い渡されています。

儲けどころか、手に入れたのは刑務所行きの切符ということになりましょう。

関東から関西にかけて一九五五（昭和三〇）年一一月に見つかった14枚のニセ千円札「千－一三号」は、重クロム酸塩印画法という写真手法を利用したものでした。

偽造コストがどれほどかはわかりませんが、手間ひまをかけたあげくの果てに、行使のための運賃まで使ったことを考えると、見つかった14枚のニセ千円札で手に入れたのは一万四〇〇〇円の収入だけ。

こちらも、儲けどころか出費のほうが多かったといえそうです。

同じ一九五五（昭和三〇）年五月に家財を売り払って七〇万円を手にした男は、ニセ千円札の偽造を企てたものの、自分には製版印刷の技術がなかったことから、印刷機材一式を買い入れた上で、月給五万円と銅版一枚につき一〇万円を支払う約束で銅版彫刻者を雇ってニセ札づくりにかかっています。

暮がせまった一二月に入って、ニセ千円札の印刷版が出来上がりましたが、ニセ札づくりが発覚して、1枚も使わぬうちに、翌三一年一月に通貨偽造・同行使未遂容疑で大阪府警に逮捕されています。「千－一五号」事件がこれですが、半年余りの間に多額の印刷機材の購入費と人件費を払ったことになるでしょう。一銭の儲けもなく、手に入れたのは通貨偽造未遂犯という肩書だけでしかありません。

一九五九（昭和三四）年の七月から八月にかけて、石川と名のる男は東京や千葉で31枚のニセ千円札を使っています。

コロタイプ印刷を利用した「千－二六号」事件がそれですが、千円札31枚、三万一〇〇〇円の収入では、儲かったとはいえないでしょう。

本業の片手間に起こした事件と考えられていますが、捕まれば本業を捨てることになりましょう。

一九六七（昭和四二）年四月一二日に浦和競馬場の投票窓口でニセ百円札を使った松井は、容疑者として自分の写真が新聞に載ったのを見て、二日後に警視庁に自首しています。

勤め先の印刷会社の印刷機を使ってニセ百円札１８００枚を印刷していましたが、使ったのはたったの6枚。六〇〇円でしかありません。

勤め先の会社の機械を使ったのだから、自己資金はいらなかったでしょうが、松井が得たのは控訴審の懲役二年六か月という実刑でした。

たった六〇〇〇円の収入で二年半の刑務所暮らし、刑が重いのがニセ札づくりで、とうてい損得勘定は成り立ちません。

一九八一（昭和五六）年一二月一五日に兵庫県の園田競馬場で18枚のニセ五千円札が見つかり、翌五七年二月までに48枚が関西地方で使われた「利－一八号」事件。大分市で印刷業を営んでいた主犯の鎌田は、昭和五六年九月上旬から一一月末までの間に自社の印刷機材を使ってニセ五千円札、7万6420枚、金額にして三億八二一〇万円を印刷していました。

この事件での判決は、「直接経費一五〇万円余を費やして多量の五千円券を偽造した」としていますが、使ったのはたった48枚の二四万円でしかなく、一獲千金を狙った共犯者四人らは懲役一〇年でした。

大分から関西まで足を延ばしてニセ札を使っていることを考えると、使った二四万円は足代にしかならなかったでしょう。

どの事件を見ても材料費のほかに費やした資金は決して少ないとはいえません。犯人たちは、準備金ばかりでなく、使うために運賃をかけて遠くまで足を運んでいるのだから、多額の金を用意することになりますが、元が取れないことと、代償としての罪が重いことを考えると、「ニセ札づくりの損得勘定は成り立たない」が正解といえるでしょう。

儲かると考えて手をつけたのが、大損のもととなるのが贋金事件で、過去の事件がそれを教えていますが、それでも後を絶たないのが贋金事件です。

馬鹿げた話といわれても、それに耳を貸さないのが贋金事件の犯人に共通する点のようです。

四　贋金犯罪と刑罰

贋金犯罪で捕まった犯人の刑にはどのようなものがあるでしょう。

刑法には、贋金をつくることの罪とそれを使うことの罪、すなわち「通貨偽造罪」

と「同行使罪」とがあって、そこでは無期または三年以上の懲役としています。無期とあるのは、ほかの犯罪に比べるとずいぶん重いように見えますが、それにはそれなりの理由があります。

昭和五八年の大分地裁のニセ五千円札「利－一八号」事件の判決は、「通貨は今日の経済生活の根源をなす支払手段で、その信用が失われれば経済組織は混乱に陥ることは必至であり、その公信性は厚く保護される必要があることを考えると、その責任は、極めて重大である」

としています。

この判決は、贋金をつくったり使ったりすることは、日本国民全体を騙すことになり、世の中のお金に対する信頼をなくすることになるから罪が重いのは当然としているようです。

一九六二年、ギリシャ警察刑事部長のJ・カチマクリスは論文に、「古代アテネにおいては、ソロン法典に、ニセ札づくりには死刑を科すことをその法律に規定し、この罰則はデモステネスの時代まで続いたという。また、コンスタンチン大王の時代には、シオドウシアの法律はニセ札づくりを火あぶりの刑に処すことを規定したという」と記しています。

ドイツやフランスの古い時代の刑法には、「贋金犯はその右腕を切り落とすと規定されてあり、アングロサクソンの時代になって、イングランドの国王アセルスタンが布告した法律にも、贋金犯はその右腕を切断し、それをその者の家の入り口に打ちつけておく」とあるそうです。

一五六二年の英国には「贋金犯はその両手と鼻を切りとり全財産を没収すると規定した法律が出され、国王の布告やローマ教の教書には、偽造者にはできるだけ厳しい刑罰を与えるように裁判官に訴えた」ことなどもあるといわれます。

わが国では通貨の偽造犯に対する刑罰を伝えるものがあまり見当たりませんが、七〇一年の文武天皇の大宝元年には、唐制にならった大宝律で、私鋳銭の罪を懲役三年としたといわれます。

この罪はその後エスカレートして、主犯は斬、共犯は没官、家族は流刑されたと伝えられています。

徳川時代には幣制があって、偽造犯や偽造行使犯は市中引き廻した上で、磔の極刑にしたといいますが、各地の大名らは幕府の掟にならって、藩札の偽造犯を極刑にしていたようです。

贋金づくりは刑罰として江戸市中を引き廻した、とあるのをみると、当時でも、偽造犯の罪はほかの犯罪より重かったのでしょう。

何も知らない善良な一般市民を無差別にだます贋金使いの犯人に対して、「その責任は、極めて重大」としている判決は当然すぎるといえそうです。

贋金使いの刑罰に「重すぎる」は当てはまらないでしょうが、それでも贋金事件は後を絶つことがありません。

贋金事件とは、人間の貪欲さがさせる犯罪といえるでしょう。

五　古本屋で目にとめた『日本贋幣鑑識法』

数十年前に神保町の裏通りの古本屋で見つけたものに、「昭和四年五月十二日脱稿、内務省警保局嘱託山鹿義教」とある手書きの『日本贋幣鑑識法』という書があります。赤インクで内務省と印刷された罫線紙311枚に、毛筆で縦書きされていますが、結論には、「贋幣の研究は、一朝一夕に成就すべきものにはあらず。理論にのみ喋々する人ありても実質の研究に添はず。如何なる方面に害毒の流れつ、あるやも知らずして、贋幣の研究を邪魔物視し、重要なるべき鑑査を軽視す。贋幣の横行は真貨を疑はしむるに至り、國家滅亡の最大原因となる。恐怖すべきは贋幣の横行なり」と記されています。

この『日本贋幣鑑識法』には数々の鑑識法が挙げられていて、そこには、舌端鑑識法、嗅香鑑識法、試金石鑑識法などがあり、鑑識法はそれらを次のように説明しています。

一見

試験貨幣（又は紙幣）を一見し、其の時、目に映じたる感じを以て真贋を判別す

舌端

舌端の感覚により、真贋を判別す

手障り

手にて障り、真貨と比較して判別す

音響

槌音又は風音により真貨と比較して判別す

香

真貨の香りと一致するか、否やにより判別す

この鑑識法は、見た目、なめて、さわって、音を聞いて、臭いをかいでで、どれも人間の五感に頼ったものでしかありませんから、見る人が違えば、結果が別のものになりましょう。

これでは警保局に「贋幣の研究を邪魔物視し」や「鑑査を軽視する」とされても仕方がありません。

内務省警保局はこの方法を軽視したのではなく、ここに書かれた鑑識法が信頼でき

なかったのでしょう。

この『日本贋幣鑑識法』には「贋幣被害の及ぼす範囲」の項もあります。

行使場所

この範囲は非常に廣く、多くは多衆集合のときとか、監視人なきとき、老人、子供、婦女子在店のとき、隣接家屋無きとき、座せる店番あるとき、陰気なる店、燈火暗き店等に行使さる。

行使時間

時間は晴天なれば夕刻多く、曇天なれば昼間、雨天なれば時間に制限無く行使さる

これらはいつの時代でも大きく違わないでしょうが、使う場所や時間、そこにいる人物までも限定するのは、行き過ぎをはるかに越えた発言といえるでしょう。

同著はさらに、

「公衆電話には何人の関しなく、五銭・十銭と大略同形同量のものなれば通話し得る

なり、この事は、逓信省の被害が如何に全国的なるかを証明するに足る統計あるべし、東京市内局のみにても、毎年数千個に達せりと聞く、公衆電話室内には何人も談話中、入る能はず、低價の貨幣にて完全に通話し得るもののごとし、是、電話料金受箱の改良を促す基なり」

とあり、もう一方には

「地下鉄道の乗車は、入場の際に十銭白銅貨の投入によって輪の回転となれり。茲に、大略同形同量のものを投ぜば、有効に回転す。然れば、地下鉄道の入場の際、投ぜるものには、各種のもの発見さる。鉄道省にて新式の自動入場券発賣機に一銭銅貨を投じて逮捕されたるものあり、是等自動式のものには特種の装置無き限り、類似品の投入は免れ難し、是等の被害を少なくせんには、入れたる貨幣は直ちに監視の目に触れ、然る後に切符を渡す主義の機械と改良する必要あり」

ともあります。

公衆電話や鉄道の乗車に偽造硬貨や形が同じ外国の硬貨などが使われるのは、今日でもたびたびあることですが、投入された貨幣をいちいち監視していたのでは、自動入場券発売機にはならないでしょう。

山鹿氏は自信たっぷりで記しているようですが、警保局としては、「軽視す」が当然だったといえるでしょう。

その後、同じ神田の古本屋で目にとめた、山鹿義教氏著の昭和八年発行の『贋造通貨』にある、内務省警保局警務課長宮野省三氏の序文には、山鹿氏は、昭和二年十二月十三日、内務省嘱託とあり、「内務省にありては、廳府縣より送付の贋造通貨を鑑査し」とありますから、警察では、そのころ偽造通貨の集中鑑識を始めていたようですが、「贋造通貨を鑑査し」の鑑査は、山鹿氏が行っていたのでしょうか。

同氏の『日本贋幣鑑識法』の内容を見れば、背筋が寒くなる思いがしないでもありません。

おわりに

私たちにとって最も身近であり、手放すことができないのがお金ですが、一方では、昔から驚くほど多くあるのが贋金事件といえるでしょう。

千数百年前の昔から時代の波に乗って、絶え間なく続いている贋金事件ですが、それを防ぐためにさまざまな対策が練られているのも事実で、このことはどこの国でも同じです。

偽造通貨事件の捜査の入り口となる真偽鑑定を30数年間に亙って行ってきた著者ですが、今日までにどのような贋金が使われてきたか、ニセ札を摑まないためにはどうするかなどは、世間にあまり知られていませんし、それを説明したものもほとんど見られません。

長年の実務で見てきた偽造通貨は多彩で、とても一言では言い表せませんが、世の中の人たちが知らない贋金事件に触れ、ニセ札やニセ硬貨を摑まないためと、それらを追いやるために払われている数々の努力をまとめてみました。

すべてが実際にあった偽造通貨事件であり、そのほとんどが世に知られていないものですので、ここではその事実を紹介してみました。

偽造通貨を追い出すために取られている手続きは、世界各国に多くのものがあって、それらが偽造犯人を追いつめ、追い出していますが、いまだになくならないのがこの贋金犯罪です。

世間の多くの方々が今日の通貨のあり方を知って、偽造通貨壊滅の力となられることを願ってやみません。

二〇二一年六月　　吉田公一

吉田公一

よしだ・まさかず……1931年群馬県生まれ、1953年東京写真短期大学（現東京工芸大学）卒。国家地方警察本部科学捜査研究所に入所。警察庁科学警察研究所文書研究室室長兼法科学研修所教授、同附属鑑定所長を歴任。1975年から1977年まで警視庁科学検査所文書鑑定科長。1990年オーストラリア・クイーンズランド州警察本部へ出向。定年退職後、1992年吉田公一文書鑑定研究所を開設。日本法文書鑑定研究会会長、全国の裁判所からの鑑定を受命（1992年～2019年）。鑑定歴に連続企業爆破事件（1974年）、ロッキード事件97枚の児玉誉士夫の領収書（1978年）、大韓航空機爆破事件犯人の金賢姫の日本国旅券偽造事件（1987年）、アメリカ財務省発行の85枚の偽造小切手事件（1988年）などがある。主な著書に『文書鑑定人事件ファイル』（新潮OH！文庫）、『筆跡・印章鑑定の実務』（東京法令出版）などがある。2019年に瑞宝双光章を受勲。

デザイン　大塚さやか
校　正　滄流社
編　集　竹田亮三（主婦と生活社）

ニセ札鑑定人の贋金事件ファイル
鑑定人しか知らない事件のウラ話満載

著　者　吉田公一
編集人　東田卓郎
発行人　倉次辰男
発行所　株式会社主婦と生活社
〒104-8357 東京都中央区京橋3-5-7
編集部 TEL03-3563-7520
販売部 TEL03-3563-5121
生産部 TEL03-3563-5125
https://www.shufu.co.jp
印刷所　大日本印刷株式会社
製本所　大日本印刷株式会社

ISBN978-4-391-15660-7

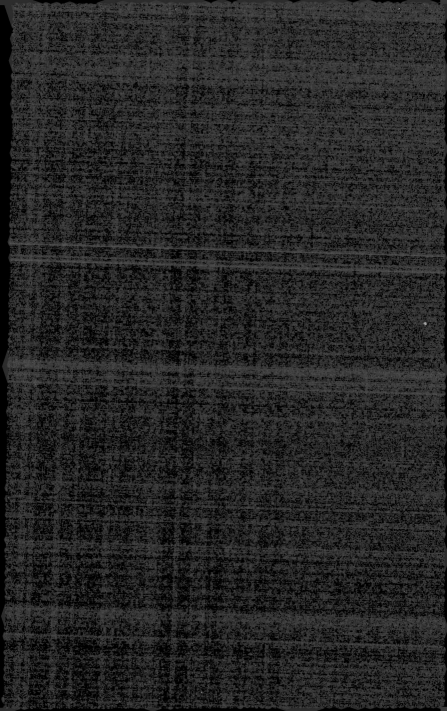